Nicht mehr als sechs Schüsseln

Ein Familien-Gemälde in fünf Aufzügen

von Gustaf Friedrich Wilhelm Großmann
1777

herausgegeben von Norbert Flörken

Impressum

Bibliographische Information der Deutschen Nationalbibliothek:

Die Deutsche Nationalbibliothek verzeichnet diese Publikation in der Deutschen Nationalbibliographie, detaillierte bibliographische Daten sind im Internet über http://dnb.dnb.de abrufbar.

© Norbert Flörken

Herstellung und Verlag:

BoD – Books on Demand, Norderstedt

ISBN 9783751990134

Inhalt

Nicht mehr
als
sechs Schüsseln.

Ein Familien = Gemälde
in fünf Aufzügen
von
G. F. W. Großmann.

Im Jahre 1777 verfertigt, und gedruckt
zu Bonn 1780
bey Joh. Fried. Abshoven Buchhändl.

Abbildung 1: Erstausgabe Bonn (B)

Nicht mehr
als
sechs Schüsseln.
Ein Familien=Gemälde
in fünf Aufzügen
von
G[ustav] F[riedrich] W[ilhelm] Groß-
mann.

Im Jahre 1777ᵃ verfertigt, und gedruckt
zu Bonn 1780
bey Joh[ann] Friedr[ich] Abshoven Buchhändl[er]

S[eine]r Kurfürstlichen Gnaden zu Köln,
Meinem gnädigsten Herrn,
aus schuldigster Dankbarkeit und tiefster Ehrfurcht
gewidmet von
Großmann.

Welt und Nachwelt füll es aus!
Denn, wo Thaten reden, bedarfs der Worte nicht.

Vorbericht, Vorrede, Einleitung – wie man's nehmen will.[b]

Der Verfasser macht seinen Bükling, wie sich's geziemt und gebührt, und sagt:

Auch einmal mit dem Publiko geredet, weil es seyn muß. Sonst red ich nicht gern mit solchen Herren, weil nicht alle Unterredungen so gut ausfallen, wie die Unterredung des Wansbecker Boten mit dem Kaiser von Japan.

Der Druck des Stüks: „Nicht mehr als sechs Schüsseln" ward mir abgenöthigt. Wann einem Mädel von vielen Liebhabern die Aufwartung gemacht, wenn es beschaut, begafft, beglaskukt, beliebäugelt, beneidet, und endlich gar gewaltsam entführt wird; so pflegt man wohl zu sagen: Das Mädel muß der Mühe lohnen. Ich kann, {denn ich habs erfahren; wer's aber besser weiß, werf den ersten Stein auf mich!} ohne Ruhmredigkeit, welche, bey allen meinen Gebrechen, zu meinen Schwachheitssünden nicht gehört, das vorerwehnte Gleichniß auf mein Stük anwenden; denn es wurde beschaut, begafft, beglaskukt, beliebäugelt, beneidet[1], etlichemal ohne mein Wissen abgeschrieben, mithin muß es der Mühe doch wohl lohnen?

Ist so ein Mädel einmal aus dem väterlichen Hause, fällt es in mancherley Anfechtung und Abentheuer, und die Welt liegt im Argen, sagt Salomo, der ein König war und ein Philosoph, und allso wohl wissen mußte, was er sagte.

Mein Stük kann in der unschuldigsten Absicht abgeschrieben seyn; aber wer steht mir für den Mißbrauch, den andere, in deren Hände es fällt, davon machen könnten? Glasfenster hat die weise Natur, und das mag wohl zu Vermeidung mancherley häßlichen Anbliks recht gut seyn, nicht rathsam gefunden den Menschen vor der Brust zu machen, um zuweilen

---

[1] Rezensionen siehe Seite 142 ff.

hinein blikken zu können und so sehr hab ich den Lavater[2] auch nicht studirt, um denen Leuten an der Nase ansehen zu können, was sie wohl thun möchten; allso denk ich: *melius praevenire, quam praeveniri*[3]. Vatersorge und Autorsorge haben viel ähnliches. Eh mir also mein Mädel heimlich entmädelt wird; eh mein Stück verpfuscht im Druck < > erscheint, will ich es lieber selbst mit dem Publiko verheyrathen, und, wie man zu sagen pflegt: unter die Haube bringen.

Kupfer von Chodowiecky oder Geyser hab ich nicht[4] dazu stechen lassen, das heißt: dem Mädel keine modische Schminke auflegen lassen. Beide Herren sind zwar trefliche Freywerber, um heyrathslustige Gedanken beym Publico zu erwecken; habe auch allen Respekt für ihre Schminke, besonders, wenn ehrliche Mädel sie blos deswegen auflegen, weil es einmal Mode ist. Wie nun Väter ihre Grillen haben, so hab ich die meinige, das Mädel so ohne Schminke in die Welt zu schikken. Mag es sein Heil versuchen! Die drey Buben auf dem Tittelblatte, wovon der eine Larve in der Hand hat, sollen – nichts bedeuten.[5]

Das Stük[c] ist bei Niemanden, als bey mir zu haben. wenn ich's jemanden in Kommißion gebe, will ich's öffentlich anzeigen. Ich nehme nur 8 gute Groschen dafür; denn, wenn der General-Feldmarschall Leßing[6] 16 Gg. für Nathan den Weisen nimmt, muß der Subaltern mit der Hälfte vorlieb nehmen. Auch ist sein Stük *haut gout*, Austern und Ananas: das meinige ist nur Hausmannskost.

---

[2] Johann Caspar Lavater (* 15. November 1741 in Zürich; † 2. Januar 1801 ebenda) war ein reformierter Pfarrer, Philosoph und Schriftsteller aus der Schweiz in der Zeit der Aufklärung sowie ein Hauptvertreter der Physiognomik.

[3] „Besser zuvorkommen, als sich zuvorkommen lassen."

[4] Im Anhang – nicht in der Vorlage – sind einige Illustrationen von Chodowiecki abgedruckt: siehe Seite 146ff.

[5] Siehe Abbildung 1. Zusatz der zweiten Auflage: »Deswegen hat man sie bey dieser Auflage weggelassen, und lieber die Göttin Wahrheit hinter einem Sphinx hingestellt: sie hält sich überdieß noch die Brust zu, so daß hoffentlich kein Erdensohn ein Aergerniß sich an ihr nehmen wird. D[yck]« siehe Abbildung 2.

[6] „Nathan der Weise" ist der Titel und die Hauptfigur eines fünfaktigen Ideendramas von Gotthold Ephraim Lessing, das 1779 veröffentlicht wurde.

Ich mach' auch jetzt eine Oper[7], nämlich ein Schauspiel, worinn die Menschen, die ich aufmarschiren lasse, bald reden, so schlechtweg, wie Menschen reden, die ihre Sprache vom Bedürfniß, von der Amme, vom Schulmeister erlernt, und hernach nach Leßing, Klopstock, Herder, und wie die Aldermänner heißen, gebildet haben: bald singen sie auch; aber keiner mit einer Portion Gift im Leibe, oder einem Dolch in der Brust, wie ich das wohl in mancher großen und kleinen Opera gesehen habe, und es war wirklich poßirlich zu sehen und zu hören; habe auch wohl Mitleiden mit den armen Leuten gehabt, die sich so jämmerlich quälen und dazu singen mußten, zuweilen auch Mitleiden mit dem Verstande der Dichter, was aber sehr frech von mir seyn mag. Diesen großen und kleinen Beyspielen hab ich – nicht zu folgen, und um die Klippen herum zu schiffen gesucht, wo eine verführerische Syrene[8] lauschte und winkte: hier sing einmal! sondern ich habe den Gesang so viel mir möglich natürlich und nicht bey den Haaren herbeygezogen. Leute, die das Ding verstehen, sagen: mein Singspiel wäre besser, als die gewöhnlichen Operetten, und ließe sich, wenn auch keine Musik dazu wäre, als ein gutes Schauspiel aufführen. Das mag ich nun nicht < > sagen, weil ich's nicht leiden kann, wenn Aeltern ihre Kinder so gerade zu loben: aber meinem geringfügigen Bedünken nach wäre das der Probierstein eines guten Singspiels, wenn es sich ohne Sang und Klang noch spielen und sehen ließe, so wie ein Rok noch immer ein guter Rok bleiben kann, wenn gleich die Tressen heruntergeschnitten sind. Neefe[9] macht und setzt die

---

[7] Vermutlich „Adelheid von Veltheim. Lustspiel mit Gesang in 4 Acten." Dyck, Leipzig 1780; Musik von Christian Gottlob Neefe.

[8] Eine Sirene ist in der griechischen Mythologie ein meist weibliches, in Darstellungen bisweilen bärtiges Fabelwesen (Mischwesen aus ursprünglich Mensch und Vogel, später auch Mensch und Fisch), das durch seinen betörenden Gesang die vorbeifahrenden Schiffer anlockt, um sie zu töten.

[9] Christian Gottlob Neefe (* 5. Februar 1748 in Chemnitz; † 26. Januar 1798 in Dessau) war ein deutscher Komponist, Organist, Kapellmeister und Musikwissenschaftler. Besonders bekannt wurde er als Lehrer von Ludwig van Beethoven.

Tressen auf den Rok; schöne, dauerhafte Tressen; hin und wieder hat er Folie und Lahn[10] untergelegt, damit sie nicht allein in die Augen fallen, sondern auch beym Ausbrennen ein Jude was dafür geben kann. Es ist nur ein kleiner Mann, der Neefe, unter einem preußischen Bataillon nicht tauglich, aber er macht große Musik; setzt gut; so recht für Kopf und Herz, und weiß so gut den Sinn des Dichters zu treffen; es ist gar schön, was er gemacht hat, und da fällt mir immer der Wansbecker Bote[11] pag[ina] 51 und 87 ein. Rühmlichers weiß ich von ihm nicht zu sagen: wollt ich galant seyn, so ließ ich *mutatis mutandis* Wielands Briefe über Wielands *Alceste*[12] abdrukken; aber ein jeder nach seiner Art. Gute Arbeit wird's. Um uns aber vor den Weglaurern zu hüten, giebt er seine Tressen, und ich meinen Rock nicht aus den Händen[13]. *Vestigia terrent!*[14]

Warum[d] ich hier von einem Singspiel rede, woran Neefe und ich noch in Geburtsschmerzen liegen? Weil ich solches, wenn sich nicht Krankheit oder andere Vorfälle, die das menschliche Leben in dieser Werkeltags, beßten Welt, wollt ich sagen, durchkreuzen, zwischen meinem Vorsatz und der Ausführung wälzen, meinem gnädigsten Kurfürsten[15] und Herrn an seinem Wahltage auch zu Füssen legen will; diesem für deutsche Art und Kunst so huldreich denkenden, so thätigen Fürsten! Zwar

---

[10] Als Lahn, Plätt, Plätte oder Rausch bezeichnet man einen platt gewalzten Draht aus Gold, Silber oder einem anderen Metall. Lahn wird zum Verzieren von Borten, Säumen oder Fransen verwendet.

[11] Der *Wandsbecker Bothe* war die von Heinrich Carl von Schimmelmann in Wandsbeck (bis zum Jahre 1879 noch mit „ck" geschrieben, heute: Wandsbek) herausgegebene Zeitung, die als Nachfolgerin des populären Wandsbecker *Mercurius* von 1770 bis 1775 von Matthias Claudius als einzigem Redakteur geschrieben wurde.

[12] *Alceste* ist eine Oper in fünf Akten von Anton Schweitzer nach einem Libretto von Christoph Martin Wieland. Die Uraufführung war am 28. Mai 1773 am Hoftheater Weimar durch die Truppe von Abel Seyler, dem Vorgänger Großmanns am kurkölnischen Hoftheater..

[13] »Diese Oper dürfte nun vielleicht bald im Druck erscheinen. D[yck] «

[14] = weil dort mich schrecken die Spuren! – Horaz, Ep. 1,1,74 nach einer Fabel des Äsop.

[15] Maximilian Friedrich, Reichsgraf von Königsegg-Rot(h)enfels (* 13. Mai 1708 in Köln; † 15. April 1784 in Bonn) war von 1761 bis 1784 Erzbischof und Kurfürst von Köln.

nur ein kleiner Zweig zu dem Lorbeer, den die Chronologisten des deutschen Theaters Ihm dafür winden müssen, – aber ich gebe, was ich kann. Wär ich Klopstock, oder Stollberg, hätt ich eine Ode, kein Singspiel gemacht.

Wieder auf die sechs Schüsseln zu kommen; ich wünsche einem geneigten Publiko guten Appetit und gesunde Verdauung. Adieu! Das heißt bey mir: ich bin allen Menschen mit Liebe und guten Willen zugethan. Großmann.
< >

Zur zwoten Ausgabe.ᵉ

An Herrn Magister Dyk[16].

Bonn, den 31. May 1780.

Allerdings, mein Lieber, ist's besser, sich mit einem ehrlichen Mann wegen einer zwoten Auflage zu vergleichen, als abzuwarten, daß die Weglaurer uns armen Autoren das Bischen Verdienst durch einen so schmuzigen Nachdruck verkümmern, als ihr Gewissen ist. Besonders angenehm ist's mir, diese Auflage von Ihnen veranstaltet zu wissen, da Ihre Handlung ihre Verlagsbücher immer sehr sauber und zierlich zu kleiden pflegt; und man mag sagen, was man will, es geht den Büchern, wie den Menschen: man sieht auf den Rock. Lassen Sie das Stück also fein bald drucken, ehe der Teufel sein Spiel treibt. Ich habe ohnehin viel Unglück mit dem Stück. Niemand als Döbbelin in Berlin hat es sich auf eine edle und ehrliche Art < > verschafft: andere wußten es durch einen kleinen Seitensprung vom siebenten Gebot zu bekommen; besonders ein gar

---

[16] Johann Gottfried Dyck (auch: Dyk; * 24. April 1750 in Leipzig; † 21. Mai 1813 ebenda) war ein Buchhändler und Schriftsteller.

berühmter Schauspieler, den ich blos seines großen Talents wegen nicht, so wie er es verdiente, öffentlich an den Pranger stellen will.

Aus dem Vorbericht lassen Sie die vorgestrichenen Stellen, die jetzt entbehrlich sind, hinweg.

Meinem gnädigsten Churfürsten und Herrn statte ich hiermit, im Angesichte der Welt, für die großmüthige und huldreiche Unterstützung deutscher Art und Kunst, so wie Seinem groß und deutsch denkenden Staatsminister, des Freyherrn [Caspar Anton] von Belderbusch[17] Excellenz, meinem gnädigsten Gönner, den unterthänigsten und ehrfurchtvollsten Dank ab.

Möchten Beide zur Wohlfahrt des Landes, der Künste und Wissenschaften Nestors[18] Alter erreichen! seine Weisheit besitzen sie.

---

[17] Caspar Anton Freiherr (ab 1782 Graf) von der Heyden genannt Belderbusch (* 5. Januar 1722 in Montzen; † 2. Januar 1784 auf Schloss Miel bei Bonn) war Deutschordensritter und Landkomtur von Alden Biesen. Ab 1755 amtierte er als Hofkammerpräsident und seit 1767 als Premierminister von Kurköln: er war „eine Art Intendant" des Hoftheaters in Bonn (Maurer, 1989, S. 524).
[18] Nestor war ein Held der griechischen Mythologie und sagenhafter Herrscher von Pylos. In Homers Ilias führt Nestor neunzig Schiffe nach Troja, tritt er als Schlichter im Streit zwischen Agamemnon und Achilleus auf. Er vereinigt Altersweisheit, Beredsamkeit, Redlichkeit und heitere Lebenskunst.

Nicht mehr
als sechs Schüsseln.

Ein Familiengemälde

von

G. F. W. Großmann.

Zwote Ausgabe.

Leipzig,
im Verlage der Dykischen Buchhandlung.
1780.

Abbildung 2: zweite Ausgabe Leipzig (L)

Personen

Reinhard, Hofrath und Justizdirektor.
Mad[ame Karoline] Reinhard, seine zweyte Frau.
Wilhelmine, seine Tochter[19],
Fritz, sein Sohn, beyde erster Ehe.
Oberst[f] v[on] Altdorf, Oheim der Mad. Reinhard.
Frau v. Schmerling[g], seine Schwester[20].
Lieutenant v. Altdorf[21], sein Vetter in holländischen Diensten.
Geheimerath[h] v. Schenk.
Kirchenrath Klaas.
Major v. Wurmb.
Kammerherr[i] v. Wilsdorf.
Friedrich, Bedienter des Hofraths.
Philipp, Bedienter des Lieutenants.
Louise, Kammerjungfer der Hofräthinn.
Ein Beamter [Beil].
Ein Sattler [Wunderlich].
Zwey Unteroffizier.
Ein Amtsbote.

Die[j] Handlung ist in der Residenz eines kleinen Hofes.
<1>

---

[19] 15 Jahre alt, siehe Seite 50.
[20] ca. 35 – 40 Jahre alt, siehe Seite 51.
[21] ca. 20 Jahre alt, siehe Seite 56.

Erster Akt.

Ein Zimmer in des Hofrath Reinhards Hause.

Erster Auftritt.

Reinhard, im Schlafrock, an einem Tische sitzend; er schreibt. Friedrich in einiger Entfernung, mit einem Billet in der Hand.

FRIEDRICH für sich. Da steh ich nun schon eine halbe Stunde.

HOFRATH R.ᵏ So soll's seyn, gnädige Frau, so, und nicht anders, und wenn Sie darüber noch närrischer würden, als Sie es schon sind.

FRIEDRICH tritt näher. Herr Hofrath ––

HOFRATH. Müssen es nur nicht übel nehmen, gnädige Frau Muhme – Tante, wollt' ich sagen, daß ich Ihnen bey dieser Gelegenheit ein wenig die Wahrheit sage. <2>

FRIEDRICH tritt immer näher. Herr Hofrath ––

HOFRATH. Wahrheit ist gut Ding! Wir mögen sie nur nicht gerne hören, besonders wenn sie unsere Lieblingsschwachheiten trift. Aber ich will Sie in die Kur nehmen, und Sie sollen geheilt werden, oder ––

FRIEDRICH ganz nahe. Soll ich den Bedienten wieder bestellen?

HOFRATH springt auf. Kerl!

FRIEDRICH. Was befehlen Sie?

HOFRATH. Du unterstehst dich mich zu behorchen?

FRIEDRICH. Bewahre der Himmel!

HOFRATH. Bewahre der Himmel dein Fell, wenn ich dich noch einmal aufs Horchen ertappe!

FRIEDRICH. Herr Hofrath, ich habe nicht ans Horchen gedacht.

HOFRATH. Nicht daran gedacht? Bestie! Was wolltest du hinter meinem Stuhl?

FRIEDRICH. Ich mußte ja wohl so nahe kommen, weil Sie nicht hören wollten.

HOFRATH. Halts Maul, und raisonnire nicht!

FRIEDRICH. Nun gut!

HOFRATH. Was ist gut? He? Was ist gut? <3>

FRIEDRICH. Daß Sie mir das Maul verbieten; ich wills halten, und kein Wort mehr sagen.

HOFRATH. Schlingel! Hab ich das gesagt? He? Nicht raisonniren heißt: mir nicht widersprechen, wenn ich Recht habe. geht auf und nieder; Friedrich steht ganz gelassen da. Nun, bist du stumm?

FRIEDRICH. Nein.

HOFRATH. Warum sprichst du nicht?

FRIEDRICH. Weil ich warten will, bis Sies befehlen.

HOFRATH. Sprich!

FRIEDRICH. Der Herr Oberst von Altdorf lassen Ihnen einen guten Morgen sagen –

HOFRATH. Und ich laß ihm sagen: er soll mich ungeschoren lassen. er geht an den Tisch und versiegelt ein Billet. Ich hab den Teufel von der ganzen Verwandtschaft!

FRIEDRICH. Soll ich das so bestellen?

HOFRATH. Flegel!

FRIEDRICH. Herr Hofrath!

HOFRATH. Was giebts schon wieder?

FRIEDRICH. Riefen Sie nicht?

HOFRATH. Nein, nein, nein! giebt ihm das Billet. Da, trag das zu meiner gnädigen Tante –– <4>

FRIEDRICH will gehen. Gut.

HOFRATH. Was läufst du? Willst deinen Auftrag einmal wieder halb ausrichten?

FRIEDRICH. Ich dachte, das Uebrige stünd in dem Billet.

HOFRATH. Ich dachte – ich dachte! Das ist eure Ausflucht immer, wenn ihr dummes Zeug gemacht habt. Wo hast du das Billet?

FRIEDRICH. Hier. er verwechselt das Billet mit dem andern, und giebt Ihm das vom Obersten.

HOFRATH. Sag ihr dabey – Was Teufel hab ich da gemacht? Eine Aufschrift an mich selbst? – Aber kein Wunder! Geplackt und geplagt, wie ich werde! Nun kann ich den ganzen Bettel wieder umschreiben. Wart draußen, bis ich klingle.

FRIEDRICH im Abgehen. Das wird keine Minute dauern; aber der Himmel sey mir gnädig!

Zweyter Auftritt.

Hofrath. allein.

Ich schäme mich vor dem Kerl. Herr Hofrath, Herr Hofrath! Da haben Sie einen albernen Streich gemacht. Würde der Fürst lachen, wenn ich einmal seine Adresse auf ein Billet <5> an meine gnädige Tante setzte! er reißt auf und liest. Alle Donnerwetter! Was ist das? hab ich geträumt – oder träum ich jetzt? Das ist ja nicht meine Hand? Er klingelt heftig. He! Friedrich! Friedrich! Das ist zu toll! Friedrich! er klingelt noch starker, und geht heftig auf und nieder.

FRIEDRICH steckt den Kopf zur Thüre herein. Dachts wohl!

HOFRATH immer heftiger. Friedrich! – Dahinter steckt etwas.

FRIEDRICH wie vorhin. Brausen Sie nur ein wenig aus.

HOFRATH. Das ist wieder ein Eulenspiegel, oder ein Spizbubenstreich von dem er ruft sehr laut Friedrich!

Dritter Auftritt.

Hofrath. Friedrich. eilends herein.

HOFRATH. Esel! wo steckst du?

FRIEDRICH. In Ihrer Livree.

HOFRATH. Was ist das für ein Billet? Bestie!

FRIEDRICH. Ich hab's nicht gelesen.

HOFRATH. Kerl! keine Kurzweil! oder ich werde mit deinen Ohren kurzweilen. Wo kömmt das Billet her? <6>

FRIEDRICH ganz gelassen. Der Herr Oberst von Altdorf lassen Ihnen einen guten Morgen sagen ––

HOFRATH. Zum Teufel mit deinem Obersten!

FRIEDRICH. Nun da haben wir's. Wenn Sie meinen angefangenen Perioden immer mit Ihren Exklamationen durchkreuzen, so erfahren Sie es nimmermehr, wo das Billet herkömmt.

HOFRATH. Kerl, bring mich nicht ausser Fassung!

FRIEDRICH für sich. Heraus ist er, wenn er mir erst wieder hinein wäre!

HOFRATH. Was?

FRIEDRICH. Darf ich reden?

HOFRATH giebt ihm eine Ohrfeige. Wart! ich will dir's Maul öfnen.

FRIEDRICH. *Gratias*! Wieder einen Zahn weniger.

HOFRATH unruhig. Hab ich dir einen Zahn ausgeschlagen?)

FRIEDRICH. Sie schlagen so oft auf einen Fleck, wenn meine Zähne Eich-bäume wären, Sie hüben sie mit sammt der Wurzel heraus. Wenn ich in einem solchen Dienst ausdauern soll, muß ich beständig geharnischt ge-hen; aber ich danke dafür, Herr Hofrath. <7>

HOFRATH. Nu, nu, nu!

FRIEDRICH. Ey was! Ein Dienstbote ist kein Hund, den man um jeden Plunder in die Zähne stößt.

HOFRATH. Nu, nu, nu!

FRIEDRICH. Hat sich was zu nu, nu, nu! damit ist's nicht gut gemacht. Geben Sie mir meinen Abschied, Herr Hofrath.

HOFRATH sanft. Friedrich!

FRIEDRICH. Den ganzen Tag ist des Laufens und Rennens kein Ende! Und dann oben ein um jeder Kleinigkeit willen ausgehunzt und aus-maulschellirt zu werden – das mag in Algier mit den Sklaven Mode seyn, aber ich danke dafür.

HOFRATH drohend. Friedrich!

FRIEDRICH. Nehmen Sie mirs nicht übel, Herr Hofrath; aber es ist die Wahrheit: Sie haben sich seit ein paar Monaten so geändert, daß Sie nicht mehr kenntlich sind. Ueber alles gebrummt, gezankt, gescholten – – kein Mensch kanns Ihnen ja mehr recht machen. Ihre Frau nicht, Ihre Kinder nicht, Ihr Gesinde nicht, und – und's wird alle Tage ärger! Es ist Unglücks genug, wenn ein Mensch zum Dienen verdammt ist; soll er sich noch <8> oben drein mißhandeln lassen? Und – kurz und gut, ich will meinen Abschied.

HOFRATH. Nun so geh zum Teufel!

FRIEDRICH. O mit Freuden! geht ab.

HOFRATH allein. Verfluchter Kerl! Verfluchter Trozkopf. Ich –– wunderlich? – Ich – nicht mehr kenntlich? Das ist nicht wahr! Ueber alles brummen, zanken, schelten? das lügst du! Ich habe Engels Geduld. Kein Mensch kann mirs recht machen? Frau nicht, Kinder nicht, Gesinde nicht? Das ist erlogen! Ich habe Hiobs Geduld! – Aber – das Billet ansehend He, Friedrich! Er klingelt. Friedrich!

FRIEDRICH kömmt; er hat die Livree ausgezogen.

HOFRATH. Was heißt das? Was machst du?

FRIEDRICH. Ich packe ein.

HOFRATH. Du hast mir ja noch nicht gesagt, wie es mit dem Billet ist?

FRIEDRICH. Das Billet ist vom Obersten Altdorf. will gehen.

HOFRATH. Wart! Wie kömmt es in meine Hände?

FRIEDRICH. Aus meinen Händen. will gehen.

HOFRATH. Wart! Wo ist das Billet an meine Tante? <9>

FRIEDRICH. Fortgeschickt. will gehen.

HOFRATH. Ey so wart ins Teufels Namen! Hast du Quecksilber in den Beinen?

FRIEDRICH. Nein; aber einen Zahn weniger im Munde.

HOFRATH die Hand auf Friedrichs Schulter legend. Hab ich dir wirklich einen Zahn ausgeschlagen?

FRIEDRICH. Wirklich! Einen rein raus, und seine Nachbarn links und rechts sehr baufällig gemacht.

HOFRATH reicht ihm Geld. Da, laß sie repariren.

FRIEDRICH. Ich mag Ihr Geld nicht – ich bitte um meinen Abschied.

HOFRATH. Ey, so halt dein Maul zum Teufel, mit deinem Abschied! Verdammter Starrkopf! sollst deinen Abschied nicht haben, durchaus nicht! Da, wirft das Geld hin, laß deine Zähne zusammenflicken; und nun kein Wort mehr!

FRIEDRICH sammelt das Geld auf. Nur ein Paar, Herr Hofrath.

HOFRATH. Nichts, nichts; kein einziges!

FRIEDRICH. Liebster Herr Hofrath; ich muß sie sagen, oder ich erwürge daran. <10>

HOFRATH. Nun so sprich, aber nichts von Abschied. Verfluchter Kerl! weißt, daß ich dich lieb habe.

FRIEDRICH. Das weiß ich. Aber Sie wißen auch, daß ich mich für Sie todt schlagen laße. Nur, beßter Herr Hofrath, um Ihrer eigenen Ruhe, um Ihrer Glückseligkeit, nicht um der Zahnlücken willen, die Sie mir gemacht und, geliebts Gott noch machen könnten, bitt ich Sie ––

HOFRATH. Nun?

FRIEDRICH. Legen Sie Ihre wunderliche Laune ab. –– Sie sind der beßte Herr, der zärtlichste Ehemann, und der gütigste Vater, aber, Gott weiß es! seit einiger Zeit sind Sie so wunderlich, so wunderlich! – Wer Sie nicht kennt, hält Sie für einen Tyrannen gegen Frau, Kinder und Gesinde.

HOFRATH. Meynst du?

FRIEDRICH. Ich meyn es nicht, Herr Hofrath, es ist wahr. Was Sie dahin gebracht, weiß ich nicht, mag's auch nicht wissen, wenn Sie nicht von selbst einem ehrlichen Kerl Ihr Vertrauen schenken wollen.

HOFRATH. Verfluchte Familie! <11>

FRIEDRICH für sich. Sizt es ihm da? – Wollen Sie dem Obersten keine Antwort schicken?

HOFRATH. Aber es soll anders werden, bey Gott! bey Gott!

FRIEDRICH. Dazu sag ich: Amen!

HOFRATH. Wo hab ich denn den Wisch hingeworfen?

FRIEDRICH. Dort auf dem Tisch.

HOFRATH lieset. „Mein Herr Hofrath!" – Gehorsamer Diener! – „Ihr Betragen wird von Tage zu Tage wunderlicher." – Wahrhaftig? „Sie deshonoriren durch Ihre Ausführung die Familie, mit der Sie die Ehre haben verwandt zu seyn." – Den Teufel auf euren Kopf! Ihr Lumpengesindel! Ich weiß, was mich diese Ehre kostet! „Es war bey dem General durch unser mächtiges Fürwort alles so gut eingefädelt. Ihr Sohn durfte sich nur präsentiren, so hätte er die Fähndrichsstelle erhalten; allein Sie begehen nicht allein die Impertinenz, Ihren Sohn nicht hinzuschicken, sondern treiben die *Grossiereté* so weit..." Er quetscht das Billet mit dem größten Unmuth zusammen, und knirscht mit den Zähnen. <12>

Vorige. Die Hofräthinn.

HOFRÄTHINN leise zu Friedrich. Ist er bey Laune?

FRIEDRICH. O ja! sehn Sie nur.

HOFRATH faltet das Billet wieder aus einander. „treiben die *Grossiereté* so weit, Sr. Excellenz sagen zu lassen: Ihr Sohn könne dem Staat bessere Dienste leisten, als den, die Rücken der Rekruten auszubläuen." – Und bin ich nicht Vater? Muß ich's nicht am beßten wissen, wozu mein Junge taugt oder nicht? – „Sr. Excellenz haben indessen um Unsertwillen die *Condescendence* gehabt, Ihre Antwort für einen Scherz aufzunehmen." – Das hat ihm der Teufel geheissen. Es ist mein bittrer Ernst! – „Ihn sich völlig wieder geneigt zu machen, schlagen wir Ihnen ein *moyen* vor, und hoffen, Sie werden unsere *bonne volonté* als eine *Marque* unsrer Affection aufnehmen." Unterthäniger Diener! Nun laß doch hören! – „Sr. Excellenz brauchen zur Bezahlung einer neuen Equipage zweyhundert Louisd'ors; wir stecken Ihnen solches im höchsten Vertrauen." – Ey, ey! – <13> „Nun könnten Sie einen *coup fin* machen, und Sr. Excellenz bitten, ein paar Hundert Louisd'or gegen Wechsel von Ihnen anzunehmen, weil Sie Ihre Kapitalien gern in sichern Händen wüßten. *Et par là, mon cher, votre sottise seroit redressée.*" – Der Hofrath lacht aus vollem Halse, zerreißt das Billet in kleine Stücken, schlägt ein Couvert darum und ruft Friedrich!

FRIEDRICH. Herr Hofrath!

HOFRATH giebt ihm das Papier. Meinen unterthänigen Respekt an den Herrn Obersten von Altdorf.

HOFRÄTHINN tritt näher. An den Herrn Obersten?

HOFRATH. Ah? unterthäniger Diener, Ihr Gnaden.

HOFRÄTHINN. Was wollen Sie machen, mein Schatz?

HOFRATH bitter lachend und die Hände reibend. *Je m'en vais réparer une sottise.*

HOFRÄTHINN. Liebes Kind! ich bitte Sie.

HOFRATH zum Bedienten. Fort!

FRIEDRICH geht ab. <14>

Fünfter Auftritt.

Hofrath. Die Hofräthinn.

HOFRÄTHINN. Kind! Sie kennen den Obersten.

HOFRATH. O wer kennt den nicht. Schneider und Schuster, Becker und Fleischer, Juden und Advokaten, Und ich, mit seinem Geldbeutel klappernd. ich kenn ihn auch!

HOFRÄTHINN. Ich versteh Sie. Das ist ein *Desastre*, das oft die ältesten Familien trift. Aber daß Sie mir das vorwerfen, das ist hart! Weinend. Ich hab es nicht um Sie verdient!

HOFRATH. Ich mach Ihr Gnaden keine Vorwürfe.

HOFRÄTHINN. Auch das noch? Ich bitte Sie um Gottes willen! quälen Sie mich nicht.

HOFRATH. Das ist meine Absicht nicht. Ich befolge nur die Befehle von Ihr Gnaden hohen Anverwandten.

HOFRÄTHINN. In Gesellschaft ist ja nur die Rede davon. Unter vier Augen nennen Sie mich immer Ihre Karoline.

HOFRATH. Erlauben Ihro Gnaden, daß ich Ihr Gnaden immer unter vier Augen auch Ihr Gnaden nenne, so bleib ich hübsch in der Gewohnheit. <15>

HOFRÄTHINN. Grausamer Mann!

HOFRATH. Hahaha!

HOFRÄTHINN. Sie wissen, wie sehr ich Sie liebe.

HOFRATH. Hahaha!

HOFRÄTHINN. Was für Verbindungen mit den ansehnlichsten Häusern ich Ihnen aufgeopfert habe.

HOFRATH. Hahaha!

HOFRÄTHINN. Sie sind unerträglich! Doch, ich will jetzt zu Ihrem Betragen gegen mich stillschweigen. Aber wie kömmt mein Onkle, der Oberst, und meine Tante, wie kömmt die dazu, daß Sie sie so gröblich beleidigen? Beide arbeiten unaufhörlich daran, unserm Hause immer mehr und mehr *Lüstre* zu geben; man verschafft Ihrem Sohne, trotz seines bürgerlichen Herkommens, eine Fahne, Sie schlagen sie aus: Ihre Tochter kann einen Kavalier heyrathen, wenn Sie der *Decence* wegen nur den ersten Schritt thun wollen, aber auch das thun Sie nicht.

HOFRATH lacht überlaut und geht ab. <16>

Sechster Auftritt.

Hofräthinn, hernach Louise.

HOFRÄTHINN. Nun das geht weit! bürgerlicher kann man sich wohl nicht aufführen. Wenn meine Tante das mit angesehn hätte, ich glaube, sie wäre aus einer Ohnmacht in die andre gefallen. Geht an eine Seitenthüre und ruft: Louise!

LOUISE. Was befehlen Ihr Gnaden?

HOFRÄTHINN. Du weißt, wir haben heute große Fremden. Thu mir den Gefallen, und sieh mit darauf, daß alles in beßter Ordnung sey.

LOUISE. Der Herr Hofrath haben schon befohlen.

HOFRÄTHINN. Wie viel Schüsseln haben wir?

LOUISE. Sechs Schüsseln ohne Nachtisch.

HOFRÄTHINN. Sechs Schüsseln? – Ich glaube, der Mann denkt, er hat bürgerliche Gesellschaft bey sich. Geh gleich in die Küche – zwölf Schüsseln soll der Koch machen. [Siehe Abbildung auf Seite 146]

LOUISE. Es wird zu spät seyn.

HOFRÄTHINN. Was zu spät! Dafür ist der Kerl <17> Koch; wenn um zwölf Uhr noch etliche Schüsseln bestellt werden, so muß er sie anschaffen. Geh!

LOUISE. Frau Hofräthinn! –

HOFRÄTHINN. Nun?

LOUISE. Der Herr Hofrath hat ein für allemal befohlen –

HOFRÄTHINN. Was befohlen? Ich bin Frau; die Wirthschaft geht mich an, nicht ihn. Geh und thu, was ich dir sage.

23

LOUISE entschlossen. Ich darf nicht, Frau Hofräthinn.

HOFRÄTHINN. Du darfst nicht? Darfst nicht thun, was ich befehle?

LOUISE. Der Herr hat uns allen gesagt: wer sich unterstünde, das geringste ohne seinen ausdrücklichen Befehl zu thun, der sollte nur gleich sein Bündel machen, und aus dem Dienst gehen. Und sehn Sie nur, Frau Hofräthin, eine – so gute Herrschaft findet sich nicht gleich wieder. <18>

Siebenter Auftritt.

Vorige. Frau von Schmerling ganz außer sich, wirft sich auf einen Stuhl.

FRAU VON SCHMERLING.[m] *Bon jour, ma niece. Ah! je n'en puis plus, j'étouffe!*

HOFRÄTHINN. *Et moi, j'enrage de bon coeur.*

FRAU VON SCHMERLING. Mich im Schlafrock zu empfangen! *A-t'on jamais vu de grossiereté plus atroce!*

HOFRÄTHINN. Und zu einem *Dinèr*, wo Obersten und Kammerherren speisen, bestellt er sechs Schüsseln!

FRAU VON SCHMERLING springt auf. Sechs Schüsseln! Ist der Mann verrückt, oder will er sich mir Gewalt prostituiren? He! Louise.

LOUISE. Ihr Gnaden!

FRAU VON SCHMERLING. Geht den Augenblick herunter in die Küche, und sagt dem Schlingel, dem Koch, er soll sich auf achtzehn Schüsseln einrichten: ich hätt's befohlen.

LOUISE. Sehr wohl, Ihr Gnaden.

FRAU VON SCHMERLING. Und daß er nicht mit seiner Hausmannskost angestiegen komme!

LOUISE. Sehr wohl, Ihr Gnaden.

FRAU VON SCHMERLING. Das Neueste, was die Jahrszeit mit sich bringt. <19>

LOUISE. Sehr wohl, Ihr Gnaden.

FRAU VON SCHMERLING. Und daß der Nachtisch brillant und elegant sey!

LOUISE. Sehr wohl, Ihr Gnaden.

24

FRAU VON SCHMERLING. Ich hoffe, er hat die feinen Weine nicht ausgehen lassen?

LOUISE. Sehr wohl, Ihr Gnaden.

FRAU VON SCHMERLING. Und den ganzen Tisch mit seinem ewigen acht und vierziger besetzt?

LOUISE. Sehr wohl, Ihr Gnaden.

FRAU VON SCHMERLING. Achtzehn Schüsseln! Versteht ihr?

LOUISE. Sehr wohl, Ihr Gnaden. Im Abgehn. Wird wohl bey sechs Schüsseln bleiben.

Achter Auftritt.

Frau von Schmerling. Hofräthinn.

FRAU VON SCHMERLING. Nun, was stehen Sie da, und hängen den Kopf?

HOFRÄTHINN. O beßte Tante! Mein Mann! Mein Mann! er hat sich sehr verändert.

FRAU VON SCHMERLING. Possen! Das wollen wir schon wieder ins Geleis bringen.

HOFRÄTHINN. Ich glaube es nicht! Wenn er sich einmal einen Plan gemacht hat, so ist er Mann, ihn durchzusetzen. <20>

FRAU VON SCHMERLING. Larifari! Wir wollen ihn bey Planmachen! Aber wessen ist die Schuld, Nichtchen? Ihre eigne Schuld ist's! Das müßte mit dem Henker zugehen, daß eine Frau von Ihrer Geburt, mit Ihrem Verstande, die sich herabgelassen einem Bürgerlichen die Hand zu geben, nicht soviel *savoir faire* haben solltc, ihn nach ihrer Pfeife tanzen zu lassen.

HOFRÄTHINN. Wie soll ich es denn aber anstellen?

FRAU VON SCHMERLING. Anstellen? Anstellen? — So lange gekiffen, gebissen, geplackt und geplagt, bis er zu Kreuze kriecht.

HOFRÄTHINN. Aber, beßte Tante, wie kann ich das? gegen einen Mann, der für mich, für unsre ganze Familie so viel gethan hat!

25

FRAU VON SCHMERLING. Gethan? Was hat er gethan? Das bisgen Schulden bezahlt! Es lohnt sich wohl der Mühe, von so einem Bettel viel Aufhebens zu machen.

HOFRÄTHINN. Fünf und zwanzig tausend Thaler sind kein Bettel.

FRAU VON SCHMERLING. Bettel, wahrer Bettel! wenn er die Ehre mit einer der ältesten Familien verbunden zu seyn, dagegen in Anschlag bringt. Ich hoffe nicht, daß er Ihnen das vorwirft. <21>

HOFRÄTHINN. Heute ließ er zum erstenmal einige Worte darüber fallen, und machte sich über den Punkt unsers Ehekontrakts lustig, mich in Gesellschaft Ihr Gnaden zu heissen.

FRAU VON SCHMERLING. Der Narr, der!

HOFRÄTHINN. Tante! es ist mein Mann.

FRAU VON SCHMERLING. Meynt er, Sie sollen sich in Gesellschaft durch nichts auszeichnen? Ihr Familienname ist durch den seinigen verdunkelt: wie soll die Welt erfahren, daß Sie adlicher Geburt sind?

HOFRÄTHINN. O wie glücklich war ich in den ersten Monaten! Sein Wille war auch mein Wille, und mein Wille der Seinige!

FRAU VON SCHMERLING. Ja, weil Sie sich in allem nach ihm bequemen.

HOFRÄTHINN. O das empfand ich nicht! Wenn etwas geschah, wußt ich nicht, hatte er oder ich es angeordnet. Wir beschlossen jeden Abend mit Liebe, und mit Zärtlichkeit begrüßten wir den Morgen. Aber, seit dem unglücklichen Einfall, meine Stieftochter mit dem Kammerherrn zu verheyrathen ––

FRAU VON SCHMERLING. Das nennen Sie einen unglücklichen Einfall?

HOFRÄTHINN. Unglücklich für mich! <22>

FRAU VON SCHMERLING. Einen Einfall, das alberne Mädchen mit einen Manne zu verheyrathen, der bey dem Fürsten alles gilt, unglücklich zu nennen!

HOFRÄTHINN. Und dann die Geschichte mit den Handwerksleuten, die Sie ihm auf den Hals schickten.

FRAU VON SCHMERLING. Bagatell!

HOFRÄTHINN. Das Geld hat ihn nicht verdrossen; aber, beßte Tante, das müssen Sie doch gestehen, daß es eine auffallende Zudringlichkeit war, Ihre Rechnungen zu meinem Mann zu schicken, gerade, als wär er Ihr Hausverwalter. Und wie das mit Ihrer Ambition zusammenreimt ––

FRAU VON SCHMERLING. Die ist dabey nicht lädirt worden.

HOFRÄTHINN. Aber meines Mannes Geduld?

FRAU VON SCHMERLING. Possen!

HOFRÄTHINN. Und was für einen Vorwand konnten Sie bey den Handwerkern nehmen?

FRAU VON SCHMERLING. Den simpelsten von der Welt. Man sagte ihnen, daß unsre Kapitalien bey Ihrem Mann stünden, und daß wir über die Zinsen disponieren. <23>

HOFRÄTHINN. Sagen Sie, was Sie wollen, liebste Tante; es ist Pralerey auf der eine Seite, und Beleidigung für meinen Mann, auf der andern. Gelinder weiß ich Ihr Betragen nicht zu nennen.

FRAU VON SCHMERLING. Was ist das für ein Ton, Nichte? Was ficht Sie an?

HOFRÄTHINN. Sie müssen mir verzeihen, liebe Tante. Ich will meine häusliche Glückseligkeit nicht länger aufs Spiel sehen. Ich bin Ihrem Rathe zu meinem Schaden gefolgt. Ich hab's noch heute versucht, herrisch und aufsäßig zu seyn – aber ich hab's erfahren! In gewissen Dingen läßt sich's mit dem M a n n nicht spielen! Und was für ein Mann? Seine Launen ausgenommen, der beßte, gütigste Mann.

FRAU VON SCHMERLING. Ich erstaune!

HOFRÄTHINN. Nein, Tante; ich will nicht langer undankbar seyn.

FRAU VON SCHMERLING. Wohl, Frau Hofräthin! Rennen Sie in Ihr Verderben; *à la bonne heure!* lassen Sie sich einjochen, zur Sklavinn machen; betteln Sie da, wo Sie befehlen können; encannailliren[22] Sie sich; vergessen Sie, aus welchem Blute Sie stammen.

HOFRÄTHINN. Tante! – ich verbitte mir alle Anzüglichkeiten. <24>

---

[22] encanailler = sich mit dem Pöbel gemein machen.

Neunter Auftritt.

Vorige. Der Oberst.[n]

OBERST. Daß dich alle Donnerwetter! Hat mich denn der Teufel geritten, mich für den Buben zu intereßiren!

FRAU VON SCHMERLING. Sie sind außer sich, Herr Bruder; was giebt's denn?

HOFRÄTHINN. Was ist Ihnen, Herr Oberst?

OBERST. Laßt mich nur zu Athem kommen. – So was ist mir in meinem Leben nicht begegnet. – Der Hofrath ––

FRAU VON SCHMERLING. zur Hofräthinn. Gewiß einmal wieder ein *trait de ro-tourier.*

OBERST. Was anders! Aber das hat man davon! Man sollte sich mit dem Bürgerpack gar nicht einlassen.

FRAU VON SCHMERLING. Ich steh auf Nadeln. Sagen Sie doch nur ––

OBERST. Wenn ich den Kerl nicht brauchte!

HOFRÄTHINN für sich. Ja, das war's eben!

OBERST. Ich steh auf der Parade neben dem General, wie der eben mit dem Fürsten wegen der Fähndrichsstelle für den jungen Reinhard spricht. Der Fürst will nicht recht dran – <25> der General macht ihm die nachdrücklichsten Vorstellungen –– und der Fürst fängt an nachzugeben. – Indem kömmt der Schlingel, der Friedrich, winkt mir, und giebt mir ein Billet. Ich, in der Meynung, eine Danksagung für den General darinn zu lesen, brechs in seiner Gegenwart auf – ich dachte, der Schlag müßte mich auf der Stelle rühren!

FRAU VON SCHMERLING. Nun?

OBERST. Fällt mir mein Billet in kleinen Stücken zerrissen vor die Füsse. Der Fürst lacht, der General sieht mich an – ich werde bald blaß, bald roth. Der Fürst frägt, der General frägt –

FRAU VON SCHMERLING. Ihr eigen Billet?

OBERST. Ja doch, ja. Mein eigen Billet in Stücken zerrissen. Ich dachte, der Donner erschlüg mich!

FRAU VON SCHMERLING. *C'en est trop*! – Wie zogen Sie sich denn aus der *Affaire*?

OBERST. Je nun, ich lachte mit. Aber ausgesehen mag ich haben wie ein Schulknabe, der seine Lektion nicht weiß.

FRAU VON SCHMERLING zur Hofräthinn. Da sehn Sie Ihren saubern Herrn Gemahl.

HOFRÄTHINN. Aber, liebe Tante! <26>

FRAU VON SCHMERLING. Nur still! *pour voir la fin de l'histoire!*

OBERST. Unterdessen, daß ich mich so zu fassen suchte, fängt der General wieder vom jungen Reinhard an; ich winke, stampfe mit dem Fuß – nichts! Der General, der ein wahrer Freund von uns ist, setzt es durch, und der Fürst sagt: *fiat!*

FRAU VON SCHMERLING. Und Sie?

OBERST. Sie können leicht denken! – den Wisch, die abschlägige Antwort hatte ich bey mir, und nun sollt ich Schande halber hintreten und Ihro Durchl. danken. Ich that's auch; der Fürst gieng – aber nun fieng der General an zu quästionieren. Ich wußte, hol mich der Teufel! nicht, was ich sagen sollte! Ihm geradezu ein Dementi zu geben, das konnt ich nicht. Die Equipage hatte er gekauft, und Geld bracht ich nicht. Ich komm noch von Sinnen über die verfluchte Historie!

FRAU VON SCHMERLING. Nun Nichtchen? *Qu'en dites-vous?*

HOFRÄTHINN. Ich will nichts, gar nichts mehr sagen.

FRAU VON SCHMERLING. Weil wir nach einer so auffallenden *Grossiereté* nichts zu sagen wissen. <27> Aber, laß ihn kommen! Ich will ihm den Kopf waschen.

OBERST. Verdient hat er's, nur, heimlich zur Frau von Schmerling. Frau Schwester, nichts übertrieben. Sie wissen, wie nöthig wir die hundert Louisd'or brauchen.

FRAU VON SCHMERLING. *Laissez-moi faire.* Und wenn er nicht nachgiebt, brech ich allen Umgang mit ihm ab.

Zehnter Auftritt.

Vorige. Der Hofrath, noch im Schlafrock.

FRAU VON SCHMERLING. da sie ihn erblickt. Er genirt sich nicht!

HOFRATH. Tausend Element! Mir vorschreiben, was und wie viel ich essen soll! Ah, Ihr Diener, Ihr Gnaden. Gut, daß ich die Gnade habe, Sie noch zu finden; ich habe ein Wörtchen mit Ihnen zu sprechen.

FRAU VON SCHMERLING. Und ich ein Paar mit Ihnen, Herr Hofrath, aber ich will mich nicht erhitzen.

HOFRATH. O ich auch nicht!

FRAU VON SCHMERLING. Ich will gelassen mit Ihnen reden, und des Schlafrocks nicht erwähnen. <28>

HOFRATH. O ich auch – und im Schlafrock bleiben.

FRAU VON SCHMERLING. Sagen Sie mir, wie kommen Sie zu der Impertinenz, meinem Bruder, dem Obersten, Angesichts des Fürsten und des Generals, einen so erz groben Streich zu spielen?

HOFRATH. Sagen Sie mir, wie kommen Sie zu der Impertinenz, mir, Angesichts meiner Domestiquen, einen so erz groben Streich zu spielen?

FRAU VON SCHMERLING. Ein eigenhändiges Billet des Obersten, in Ihren Angelegenheiten, zu zerreissen?

HOFRATH. Einen eigenhändig geschriebenen Küchenzettel in meinem eignen Hause anders anzuordnen?

FRAU VON SCHMERLING. Ich glaube, Sie wollen mich parodiren?

HOFRATH. Könnte wohl seyn.

FRAU VON SCHMERLING. Treiben Sie die Unverschämtheit nicht zu weit, oder ich werde Ihnen zeigen, wen Sie vor sich haben.

HOFRATH. Weiß es schon, Ihr Gnaden, weiß es schon. Darf nur mein Ausgabebuch nachsehen: „Was für Ihr Gnaden, der Frau <29> von Schmerling an Schneiderarbeit verfertigt. Was für Ihro Hochwohlgeb. Gnaden den Herrn Obersten von Altdorf an Schusterarbeit verfertigt." Die Frau von Schmerling verbeißt ihren Zorn; der Oberst spielt mit dem Stocke, die Hofräthinn scheint ihren Mann zu bitten; er sieht sie der Reihe nach an. Nicht gefällig weiter zu reden?

OBERST. Ja, Herr Hofrath, ich werde reden.

30

FRAU VON SCHMERLING. Schweigen Sie doch still, ich bitte Sie ums Himmels willen!

OBERST. Nu, nu! Heimlich. Verderben Sie nur nicht alles.

FRAU VON SCHMERLING. Herr Hofrath, Sie wissen, was für ansehnliche Forderungen meine Familie noch ausstehen hat.

HOFRATH. Das ich nicht wüßte! Ah doch! Für Auslagen, welche Ihre Vorfahren glorreichen Andenkens bey den Kreuzzügen wider die Ungläubigen, hatten. Ferner, für ein uraltes Schloß, das die Bauern im Jahre nach Christi Geburt 1480 oder 1490 zerstörten, und wovon die Rudera gar lieblich anzusehen sind. – Darauf wollen Ihr Gnaden mich doch nicht anweisen? <30>

OBERST heimlich. Sie machen sich lächerlich, Frau Schwester, und er borgt uns, hol mich der Teufel! nichts mehr.

FRAU VON SCHMERLING. Ich bitte Sie, schweigen Sie!

OBERST. Nu, nu!

FRAU VON SCHMERLING. Sie wollen also nicht vernünftig mit sich reden lassen?

HOFRATH. O ja, wenn Sie das können.

FRAU VON SCHMERLING. Wir wollen bey Ihrem *Dinèr* den Anfang machen. Sie wollen also nicht erwägen, was für Gäste Sie haben?

HOFRATH. Hab's erwogen.

FRAU VON SCHMERLING. Und wollen doch nicht mehr als sechs Schüsseln geben?

HOFRATH. Sechs Schüsscln.

FRAU VON SCHMERLING. Sie werden sich lächerlich machen.

HOFRATH. Werde mich nicht lächerlich machen. Sehn Ihr Gnaden, hier sind meine Monatsrechnungen, alle „zu Dank bezahlt." Das macht, weil ich nicht mehr als sechs Schüsseln gegeben habe: Ihr Gnaden geben achtzehn Schüsseln, und müssen Fleischer und Becker, Gewürzkrämer und Weinhändler zu mir schicken: das ist der Unterschied. Und kurz! seine Mütze abnehmend <31> Wenn Ihr Gnaden mit sechs Schüsseln nicht bey mir vorlieb nehmen wollen, so muß ich bedauern, daß ich die Gnade

31

nicht haben kann Sie bey mir zu sehen; denn ich gebe, hol mich der Teufel! nicht mehr als sechs Schüsseln, und damit Punktum!

FRAU VON SCHMERLING. zum Obersten. Wollen wir zu Hause speisen?

OBERST heimlich. Wir haben ja keinen Bissen im Hause.

FRAU VON SCHMERLING. Nun gut. *Passons là dessus.*

HOFRATH setzt seine Mütze wieder auf. *Comme il vous plaira.*

FRAU VON SCHMERLING. Jetzt lassen Sie uns auf das Kapitel von Ihrem Sohne kommen. Sie wissen, was für Demarchen wir zu seiner Beförderung bey dem General und bey dem Fürsten gemacht haben.

HOFRATH. Das weiß ich, und daß es wider meinen Willen geschehen ist, weiß ich auch.

FRAU VON SCHMERLING. Wenn Sie selbst nicht für die Ehre Ihrer Familie besorgt seyn wollen, so müssen es Ihre Verwandte thun.

HOFRATH. Ey der übergroßen Ehre, die Sie meiner Familie erzeigen, meinen Sohn zum Fähnrich zu machen! <32>

FRAU VON SCHMERLING. Unter unserer Protektion kann er bald avanciren.

HOFRATH. Und Lieutenant werden! Und bis er zur Compagnie kömmt, sein Vermögen zusetzen? Nein, Ihr Gnaden, daraus wird nichts. Der Bube, so verwildert er auch ist, hat was gelernt. Er kann dem Staate durch seine Wissenschaften nützlicher werden, als durch eine nervigte Faust. Er soll einen armen Landjunker, der keine andere Aussicht hat, und vielleicht schon lange darauf lauert, nicht verdrängen, und damit Basta!

FRAU VON SCHMERLING. Nicht so hitzig: Basta! Herr Hofrath. Wir können dem General kein Dementi geben, und des Fürsten Wort zur Tasche machen. Der Schritt ist einmal geschehen.

HOFRATH. Thun Sie ihn wieder zurück.

FRAU VON SCHMERLING. Nimmermehr, Herr Hofrath, nimmermehr! Wenn Sie Ihren Kopf aufsetzen wollen, so sollen Sie sehen, daß ich es auch kann. Der Plan zur Ehre Ihrer Familie ist entworfen, und er soll durchgesetzt werden, es koste auch, was es wolle! Wissen Sie das Herr Hofrath?

OBERST. Gelassen, Frau Schwester, gelassen! <33>

FRAU VON SCHMERLING. Reden Sie mir nicht ein.

OBERST. Nu! nu!

HOFRATH. Einen Plan hätten sie allso gemacht! Zur Ehre meiner Familie? So, so! Und der wäre?

FRAU VON SCHMERLING. Soll ich's Ihnen noch einmal vorkauen?

HOFRATH. Wenn Sie die Gnade haben wollen. Möchte ihn gern recht verdauen.

FRAU VON SCHMERLING. Mit drey Worten allso: Ihr Sohn soll Officier werden. Der Soldatenstand ist der honorabelste Stand, und der einzige Weg, auf welchem eine bürgerliche Familie einen *Pas* in der großen Welt bekommen kann. Ihre Tochter soll den Kammerherrn Wilsdorf heyrathen; Sie müssen ihm solche nur mit einer guten Manier antragen.

HOFRATH reißt seine Mütze vom Kopf, und wirft sie mit Ungestüm zur Erde. Antragen? Ich? antragen, meine Tochter? Der Vater sein Kind? Eh wollt ich sie ja einem ehrlichen Handwerksmann geben, wenn er um sie würbe. Tausend Element! That man jemals einem ehrlichen Mann einen solchen Vorschlag! Ich, antragen meine Tochter? setzt seine Mütze wieder auf. <34> Ein Mädchen mit fünfzig tausend Thalern Ausstattung antragen? Einem lumpen Kammerherrn, dem die Juden auf der Gasse nachlaufen.

OBERST. Nun da haben wir's!

FRAU VON SCHMERLING. Reden Sie schon wieder?

OBERST. Nu, nu!

FRAU VON SCHMERLING. Sie reden wie der gemeinste Pöbel.

HOFRATH. Und Sie wie der ausgeschämteste Bettelstolz nur immer reden kann.

FRAU VON SCHMERLING. Herr Hofrath!

HOFRATH. Gnädige Frau!

FRAU VON SCHMERLING. Doch am beßten, ich besudle mich nicht weiter mit Ihnen. – Ihren Arm, Herr Oberst.

OBERST heimlich. Ich wollte, daß Sie der Teufel mit Ihrer Hitze holte! Nun sehen Sie zu, wo Sie heute was zu fressen bekommen.

FRAU VON SCHMERLING. Halten Sie Ihr Maul! *Pain bis & Honneur.*

OBERST. Nu, nu!

FRAU VON SCHMERLING. Ich empfehl mich, Herr Roturier[23]. <35>

HOFRATH. Empfehle mich *gueuse*[24] *à seize quartièrs!* – Habe doch die Gnade Sie zu Mittag auf sechs bürgerliche Schüsseln bey mir zu sehen?

OBERST. Sagen Sie doch: ja!

FRAU VON SCHMERLING. Keinen Fuß mehr über Ihre Schwelle. gehen ab.

HOFRATH. *Tant mieux! Tant mieux!* Ha, ha, ha!° Ueber die lieben Verwandte!

Eilfter Auftritt.

Hofrath. Die Hofräthinn.

HOFRATH. Nun, Ihr Gnaden! Sie haben zu dem ganzen Auftritt ja kein Wörtchen gesagt?

HOFRÄTHINN wirft sich in seine Arme. O mein Beßter!

HOFRATH sich losmachend. Was ist das? – Was soll das?

HOFRÄTHINN. Vergebung mein Schatz, Vergebung für meine bisherigen Thorheiten.

HOFRATH. Versteh ich recht?

HOFRÄTHINN. Ja, mein Beßter, mit Beschämung gesteh ichs, daß ich meinen närrischen Verwandten zu Liebe, zu lange eine Närrinn <36> mit gewesen bin; meine Ruhe, deine Ruhe, unser beyder Glückseligkeit aufs Spiel gesetzt habe – aber, wenn ichs je wieder thu ––

HOFRATH. Weib! wenn das dein Ernst wäre!

HOFRÄTHINN. Mein völliger, so wahr ein Gott über uns lebt!

HOFRATH. Du wolltest dein verdammtes steifes Ceremoniel zum Teufel werfen? Eines deutschen Mannes, deutsches Weib seyn, auf du und du?

HOFRÄTHINN. Das will ich, von ganzer Seele, will ich es.

---

[23] = Bürgerlicher.
[24] = Dirne.

HOFRATH. Schlag ein! und laß uns bey bürgerlichen Sitten und sechs bezahlten Schüsseln glücklicher seyn, als Ihro Hochwohlgebornen Gnaden
bey sechszehn Ahnen und achtzehn geborgten Schüsseln. Beyde ab.
Ende[p] des ersten Aufzugs. <37>

Zweyter Akt.

Ein Zimmer im Hause des Obersten.

Erster Auftritt.

Der Oberst. Frau von Schmerling.

OBERST im Hereintreten. Ey was! Ich hab den Teufel von Ihren *Pain bis & honneur.* Davon werden wir mein Seel! heut nicht satt.

FRAU VON SCHMERLING. Aber, Herr Bruder!

OBERST. Aber, Frau Schwester! kommen Sie mir nur nicht wieder mit Ihren Sophistereyen angestochen. Was wahr ist, ist wahr. Und was zu toll ist, ist zu toll!

FRAU VON SCHMERLING. Nun was ist denn wahr? Was ist denn zu toll?

OBERST. Wahr ists, daß Sie in Ihrem Hochmuth, der sich doch auf nichts gründet, zu weit gehen. Und zu toll ists, wie Sie dem Hofrath, von dem wir doch seit ein paar Jahren einzig und allein leben, begegnen.

FRAU VON SCHMERLING. Haben Sie ausgeredt?

OBERST. Mit Ihnen! Wenn würd ich da fertig? Aber einer Frau von Ihrem Charakter etwas begreiflich machen, Ihnen Ihre thörichten Grundsätze ausreden wollen, das <38> gehört zu den Problemen, die noch aufgelöset werden sollen.

FRAU VON SCHMERLING. Sie machen wieder Ihren Willen meine Eloge, Herr Bruder.

OBERST. Wahrlich! Es ist mir nicht eingefallen. Ich wüßte auch nicht, wo ich den Stoff dazu bey Ihnen finden sollte.

FRAU VON SCHMERLING. Sie geben zu, daß mein Charakter problematisch sey, mithin ist er nicht alltäglich, und was nicht alltäglich ist ––

OBERST. Ist darum noch nicht gut!

FRAU VON SCHMERLING. O ho! Sie machen Distinktionen.

OBERST. Ja, Frau Schwester, und ich distinguire einen leeren Magen von einem vollen. Wenn Ihre Absicht etwan ist, mir diese Distinktion mit

Ihrem Schnickschnack vergessen zu machen, so irren Sie sich gewaltig. Machen Sie Anstalt zum Mittag Essen.

FRAU VON SCHMERLING. Dafür ist gesorgt.

OBERST. So? Und wie denn? Wieder was zum Juden geschickt?

FRAU VON SCHMERLING. *Point du tout.*

OBERST. Allso im Gasthof geborgt? <39>

FRAU VON SCHMERLING. Nicht doch! Haben Sie vergessen, daß wir heut beym Hofrath zu Tische sind?

OBERST. Und haben Sie vergessen, daß er uns die Thüre gewiesen? Ich glaube, Sie sind närrisch!

FRAU VON SCHMERLING. Nicht so närrisch, wie Sie denken. Kurz, wir speisen heute beym Hofrath; das ist alles so inkamminirt: aber freylich, Herr Bruder, *faut-il savoir s'y prendre.*

Zweyter Auftritt.

Vorige. Philipp.

PHILIPP. Gnädige Frau! der Sattler ist unten.

OBERST geht zu seiner Schwester. Haben Sie das auch inkamminirt? Aber freylich, Frau Schwester, *faut-il savoir s'y prendre.*

FRAU VON SCHMERLING. Philipp! haltet den Mann ein wenig auf. Wenn ich schelle, könnt ihr ihn heraufschicken.

PHILIPP. Sehr wohl, Ihr Gnaden. Ab.

FRAU VON SCHMERLING. Das ist ein verdammter Streich.

OBERST. Ein ganz verfluchter Streich! <40>

FRAU VON SCHMERLING. Ich weiß nicht, was ich machen soll! Das Handwerksvolk ist gleich so grob.

OBERST. Sie müssen etwas inkamminiren.

FRAU VON SCHMERLING. Ernsthaft, Herr Bruder, wenn ich bitten darf.

OBERST. Von Herzen gern. Ernsthaft allso: Hätten Sie mir das verfluchte Billet nicht diktirt; wär ich nicht so albern gewesen, und hätte die Impertinenzen alle niedergeschrieben, die Sie mir in die Feder sagten, so stünden wir mit dem Hofrath auf dem alten Fuß, und könnten auf seinen Beystand rechnen.

FRAU VON SCHMERLING. Ob der Jude Abraham nicht noch herausrücken sollte?

OBERST. Ja, wenn er ein Narr wäre! Ich wüßte auch nicht, worauf? Meine Besoldung hat er schon auf zwey Jahre pränumerirt, und der Regimentsquartiermeister nimmt keine Anweisung mehr an. Da sitzen wir nun, und wissen nicht wo aus noch ein, und müssen uns prostituiren lassen. So weit haben Sie es doch mit Ihrem Köpfchen gebracht.

FRAU VON SCHMERLING auffahrend. Herr Bruder, Sie emancipiren sich einmal; aber ich verbitte mir's. <41>

OBERST. Nu, nu!

FRAU VON SCHMERLING. Sie haben wohl groß Recht zu reden?

OBERST. Nu, nu!

FRAU VON SCHMERLING. Ich wollte ich hätte mich in meinem Leben mit Ihrer Haushaltung nicht abgegeben.

OBERST für sich. Vielleicht stünd sie alsdann besser!

FRAU VON SCHMERLING. Mein ganzes Vermögen hab ich doch bey Ihnen zugesetzt!

OBERST für sich. Ein verschuldetes Gut, wo kein Dachziegel mehr ihre war!

FRAU VON SCHMERLING. Und hinterher ist das mein Dank! Wenn Sie mich nicht gehabt hätten – ich hätte doch sehen wollen, wie Sie aus so mancher epineusen Affaire herausgekommen wären.

OBERST. Nu, nu, liebe Frau Schwester; es ist freylich nicht einem jeden gegeben, für sich, mit Effronterie zu bezahlen.

FRAU VON SCHMERLING. Was gegeben? Was murmeln Sie da?

OBERST. Ich sage: es ist freylich nicht einem jeden gegeben, ein jedes Ding beym rechten Zipfel anzufassen. für sich. Bin ich nicht ein Narr, <42> daß ich mich von dem Weibe gleich so zu Paaren treiben lasse?

FRAU VON SCHMERLING. nimmt eine Glocke und schellt.

OBERST. Was wollen Sie machen?

FRAU VON SCHMERLING. Den Kerl, den Sattler abfertigen.

OBERST. Womit denn?

FRAU VON SCHMERLING. Das ist meine Sache.

OBERST für sich. Nun, wenn sie mit dem Grobian fertig wird, so steckt der Teufel in dem Weibe!

Dritter Auftritt.

Vorige. Der Sattler.

SATTLER. Guten Morgen, Ihr Gnaden allerseits. Ihr Gnaden, nichts für ungut, Sie haben mich ein wenig lange warten lassen. Unser eins, nichts für ungut, hat ein bischen mehr zu thun, als im Vorhause zu stehn und zu passen, nichts für ungut.

FRAU VON SCHMERLING. Und Er hat wohl viel zu thun, mein lieber Meister?

SATTLER. Alle Hände voll, nichts für ungut. Staat genug machen sie, die Herren Kavaliere, wenns Geld nur immer ordentlich <43> eingienge, nichts für ungut; aber da haperts, und da hat man denn seine liebe Noth, nichts für ungut. Der Jud Abraham ––

FRAU VON SCHMERLING. Kennt Er den?

SATTLER. O ja, Ihr Gnaden, nichts für ungut. Er muß mir oft für die gnädige Herrschaften kaviren, nichts für ungut. Des Juden Wort ist mir denn immer lieber, als der gnädigen Herrschaften ihres, nichts für ungut. Die Herrschaften sind gern was vergeßlich mit unser eins. Ja, was wollt ich denn sagen? – Der Jud Abraham, er verschreibt mirs Leder aus England, Ihr Gnaden, nichts für ungut; der wies mir letzt seine Pfänderkammer. „Schauts der Herr, sagt er, da hängen sie all, die Herrschaften, groß und klein." 's ist ein närrischer Kerl, der Jude, nichts für ungut.

FRAU VON SCHMERLING. Ja – es ist ein drolligter Mann.

SATTLER. Nicht wahr, Ihr Gnaden? – Und wie er mir denn das so wies, so mußt ich lachen, hahaha! nichts für ungut. 's kam mir vor, wie im Paradies, nichts für ungut, wo aller Unterschied aufhört, wie die Schrift sagt, nichts für ungut. Da hing der Geheimerath und der Hofrath, die Matresse und <44> die Hofdame, der Schuhflicker und der Minister, alles durch einander, nichts für ungut. 's war gar närrisch anzusehen, hahaha!

FRAU VON SCHMERLING. Das will ich glauben. für sich. Flegel von einem Kerl!

SATTLER. 's war mir, als wenn Ihr Gnaden Hadriene[25], mit den großen silbernen Fransen, auch da hieng, nichts für ungut.

FRAU VON SCHMERLING. Kann wohl seyn. Dergleichen reiche Kleider legt man einmal an, wenn Galla ist, und dann giebt mans weg.

SATTLER. Muß nur lachen, Ihr Gnaden, hahaha! nichts für ungut. 's Kleid hieng neben einem Rock und Kontusch[26] von meiner Frau Nachbarin der Krämerfrau, von der ich immer zu sagen pflege: Frau Obenaus und Nirgendan; nichts für ungut. 's Weib will gern alles mitmachen, unds fehlt am beßten. Dachte so bey mir; 's närrische Weib will immer gern mit Vornehmen umgehen, und da hängt sie ja in recht vornehmer Kumpanie! Ha, ha, ha!

OBERST für sich. Des Teufels wird' ich hier noch vor Aergerniß!

SATTLER. Nu, Ihr Gnaden, hier ist mein Kontrakt wegen dem Staatswagen für Ihr <45> Excellenzen. Macht gerade Rechnung, nichts für ungut. Zweyhundert Louisd'or sind verakkordirt. Der Herr General hat mich hergeschickt, das Geld hier zu empfangen; es stünd parat, nichts für ungut.

FRAU VON SCHMERLING. Ja, mein Freund, das hat seine Richtigkeit: – das Geld steht parat.

OBERST für sich. Lüg du und der Teufel!

FRAU VON SCHMERLING. Ich laß es nur bey dem Hofrath holen. Allein, nun ist die Frage: ob auch alles Akkordmäßig geliefert ist?

SATTLER. Nichts für ungut; wie verstehn Ihr Gnaden das?

---

[25] Die Contouche (auch Andrienne, Adrienne, Schlender, Robe battante, Robe volante, Robe innocente oder Robe à la française) war die vorherrschende Kleidform des 18. Jahrhunderts.
[26] Siehe vorige Anmerkung.

FRAU VON SCHMERLING. Nun, ich meyn, ob der Wagen dem Herrn General so geliefert ist, wie er ihn bestellt hat, und wie der Anschlag hier im Kontrakt gemacht ist?

SATTLER. Das ist kurios, Ihr Gnaden, nichts für ungut. Ich kann, Gott lob geschriebenes lesen. Was im Akkord und Kontrakt geakkordirt ist, ist auch geliefert; da muß kein Nagel fehlen, nichts für ungut. Nein, Ihr Gnaden, nichts für ungut; aber so müßen Sie mir nicht kommen. Hab in meinem Leben viele Wagen gemacht, nichts für ungut; 's wär der erste, der mir wär gekritisirt worden. <46>

FRAU VON SCHMERLING. Nun, nun! Was ereifert Er sich, Meister?

SATTLER. Nichts für ungut, Ihr Gnaden; aber so laß ich mir nicht kommen. Der General konnts ja nicht erwarten, ist alle Tage in meiner Werkstatt gewesen; da ist kein Nagel eingeschlagen, den er nicht geapprobirt hat. Und allso, nichts für ungut, bitt' ich mir mein Geld aus, oder ich laß den Wagen wieder aus dem Schuppen ziehn und nach Hause fahren, nichts für ungut.

FRAU VON SCHMERLING. Ist er nicht ein wunderlicher Mann! Ordnung muß in der ganzen Welt seyn: und wenn ich etwas bezahlen soll, muß ich doch sehen, wie es beschaffen ist?

SATTLER. Schon recht! Da reden Ihr Gnaden, nichts für ungut, wie eine verständige Dame; und wenn der Wagen für Ihr Gnaden wär, könnten Sie ihn meinethalben besehn, von hinten und von forn, von innen und außen. Aber so ist er für den Herrn General, nichts für ungut, und der ist damit zufrieden, und allso mein Geld.

FRAU VON SCHMERLING. Er kann doch auch Silbergeld brauchen? <47>

SATTLER. O ja; das ist mir all eins. Wenn Sie mir die Lagie gut thun, nichts für ungut, so kann ichs auch brauchen, mich mit den andern Handwerksleuten aus einander zu setzen. – Denn, zu so einem Wagen und Geschirr gehören gar vielerley Hände, nichts für ungut.

FRAU VON SCHMERLING. A propos, Meister. Die beiden Dragonerregimenter, Schorlemm[27] und Waldeck[28], klagen sehr über ihren Lieferanten, daß sie so lüderliche Arbeit bekämen. Hätt' Er wohl Lust, die Lieferung zu übernehmen?

OBERST. Was Teufel fällt ihr nun ein?

SATTLER. Warum nicht, Ihr Gnaden? wenn Sie sie mir verschaffen können, nichts für ungut.

FRAU VON SCHMERLING. Würd ich sie Ihm anbieten, wenn ich sie nicht in Händen hätte? Weiß Er was, Meister? Bring Er mir einen genauen Anschlag, wie Er Sattel- und Riemwerk liefern kann, Morgen, wenn Er sein Geld holt, her.

SATTLER. Kann geschehen, Ihr Gnaden, kann geschehen, nichts für ungut; aber mein Geld nähm ich gern heute mit. Bey mir heißts, wenns Sonnabend ist, Aller Augen warten auf dich. <48>

FRAU VON SCHMERLING. Auf einen Tag wird's ja nicht ankommen, und wenn sein Anschlag billiger ist, als von den itzigen Lieferanten, hab ich Anweisung Ihm zweyhundert Thaler auf die Hand zu geben; es wäre alsdann Ein Auszahlen.

SATTLER. Nun, wenn das ist, mags drum seyn. Will Morgen wieder versprechen, Ihr Gnaden, nichts für ungut. Verlaß mich aber drauf wegen der Lieferungen.

FRAU VON SCHMERLING. Ich geb Ihm mein Wort.

SATTLER. Muß nur lachen, Ihr Gnaden, ha, ha, ha! Was meine Herren Kollegen, der Eine ist Altmeister, und Vorsteher bey Sankt Kathrine, nichts für ungut, für Augen machen werden, wenn sie hören, daß ich die Lieferungen weggeschnappt, ha, ha, ha!

FRAU VON SCHMERLING. Es geschieht ihnen schon recht, warum übertheuern sie alles. Ha, ha, ha!

---

[27] Vielleicht eine Anspielung auf Ludwig Wilhelm von Schorlemmer (* 1695 † 1776 in Berlin) war ein königlich preußischer Generalleutnant, Ritter des Ordens Pour le Mérite, Chef des Dragoner-Regiments Nr. 6.

[28] In der Habsburgischen Armee gab es das Dragoner-Regiment Nr. 39 Waldeck.

SATTLER. Es geht kurios zu in der Welt: immer einer über den andern, nichts für ungut. Ha, ha, ha!

FRAU VON SCHMERLING. Ja das geht nicht anders; einer ist immer feiner wie der andere. Ha, ha, ha! <49>

SATTLER. Wohl, wohl, Ihr Gnaden, ha, ha, ha! Der Herr Altmeister denkt, so was könnte ihm gar nicht passiren; meynt, er hätt den Verstand allein gefressen, nichts für ungut.

FRAU VON SCHMERLING. Nun vergeß Er nicht auf morgen.

SATTLER. Werds nicht vergessen, Ihr Gnaden. Wo was zu holen und zu verdienen ist, da ist Meister Wunderlich flink bey der Hand. Empfehl mich derweil, Ihr Gnaden; nichts für ungut. Muß lachen über den dicken Altmeister: Ha, ha, ha!

FRAU VON SCHMERLING. Ha, ha, ha! Ja wohl. Er kömmt um seine Lieferungen, und weiß nicht wie. Finden der Herr Bruder den Vorgang nicht auch lächerlich?

OBERST mit Zwang. O ja, ha, ha, ha!

SATTLER. Recht lächerlich, mein Seel. Ha, ha, ha! Nu, empfehl mich zu Gnaden, nichts für ungut. Ha, ha, ha! über den dicken Altmeister! ab. <50>

Vierter Auftritt.

Oberst. Frau von Schmerling, die in lautes Gelächter ausbricht. Dann der Sattler. Am Ende Philipp.

OBERST. Bravo! Frau Schwester! Vortreflich gemacht! Herrlich gemacht! – „Kann Er nicht auch Silbergeld brauchen?" Und hat keinen Kreuzer im Hause. Kontrahirt für zwey Regimenter, wovon sie die Chefs kaum dem Namen nach kennt.

FRAU VON SCHMERLING. Aber gestehen Sie; es war lächerlich, wie der gute Tropf nichts für ungut, anbiß, und mit der langen Nase, nichts für ungut, abzog.

OBERST. O ja, sehr lächerlich. Wenn ich nur nicht vorhersähe, daß da tausenderley Verdruß draus erwachsen wird. Und wie lange kann das dauern?

FRAU VON SCHMERLING. Ein General in einer belagerten Festung pflegte immer zu sagen, wenn er die Belagerer mit einer Kapitulation amüsirte: – Zeit gewonnen, viel gewonnen! Und so denk ich auch.

SATTLER, der eilig zurückkömmt. Nichts für ungut, Ihr Gnaden. Könnten Sie mir nicht derweil fünfhundert Thaler auszahlen? <51>

OBERST lacht. Zeit gewonnen, viel gewonnen!

FRAU VON SCHMERLING. Herzlich gern, mein lieber Meister; aber ich habe jetzt wirklich dringende Geschäfte. Laß Ers gut seyn bis morgen, da will ich zwey Stunden ganz allein für Ihn zu Hause seyn; denn ich muß ja Seinen Lieferungsanschlag gegen die alten vergleichen, und das nimmt Zeit weg.

PHILIPP kömmt. Ihr Gnaden, der Kammerherr will aufwarten.

FRAU VON SCHMERLING. Ist er da? Es soll mir angenehm seyn. Philipp geht ab. Leb Er wohl, Meister, und laß Er sich ja gegen den dicken Altmeister noch nichts merken.

SATTLER. Bewahre, Ihr Gnaden, bewahre? Unser eins ist auch nicht auf den Kopf gefallen, nichts für ungut. Morgen allso? Nu, empfehl mich. Geht ab.

FRAU VON SCHMERLING. Wenn Sie nur nicht so voreilig mit Ihren Spöttereyen seyn wollten, und mich machen ließen.

OBERST. Nu, nu! Wer zuletzt lacht, der lacht gut! <52>

Fünfter Auftritt.

Vorige. Der Kammerherr.

KAMMERHERR. Guten Morgen, meine gnädige Frau! Guten Morgen, Herr Oberst! Was Henker haben Sie denn heute früh auf der Parade für eine Geschichte vorgehabt? Der ganze Hof badinirt darüber. Ich hörte so was von einem zerrissenen Billet, vom Hofrath Reinhard – ich konnts aber nicht recht zusammen reimen.

OBERST. Ey, es ist einmal wieder so ein Streich vom Herrn Hofrath, wozu die Frau Schwester mit ihrer Weisheit Anlaß gegeben.

FRAU VON SCHMERLING. Herr Bruder!

OBERST. Nu, nu!

FRAU VON SCHMERLING. Ihnen, Herr Kammerherr, kann ich's wohl sagen; es bleibt in der Verwandtschaft.

KAMMERHERR. Eine Ehre für mich, wenns noch dazu kömmt.

FRAU VON SCHMERLING. Ich zweifle keinen Augenblick.

OBERST. Ich aber.

FRAU VON SCHMERLING. Davon hernach? – Sie wissen unsre Absicht mir dem jungen Reinhard. <53>

KAMMERHERR. Der Offizier werden soll?

FRAU VON SCHMERLING. Ganz recht. Ich hatte alles aufs beßte eingefädelt, und diktirte dem Obersten ein Billet in die Feder – –

OBERST. Das ich kein Narr hätte seyn sollen abzuschreiben.

FRAU VON SCHMERLING. *Sans m'interrompre!* – Ein Billet an den Hofrath, wie er sich ferner dabey nehmen sollte. Ich gab ihm dabey einige derbe, aber wohlverdiente Pillen – –

KAMMERHERR. *Sans dorure?*

FRAU VON SCHMERLING. Kann wohl seyn! – Was hat mein Herr Hofrath zu thun, er zerreißt das Billet in kleine Stücke – –

OBERST. Schlägt fein säuberlich ein Kouvert darum – –

FRAU VON SCHMERLING. Und schickts dem Obersten auf die Parade. – *Voila tout!*

KAMMERHERR. Sehr artig, in der That. Wir wollen ihn doch heute bey Tisch ein wenig darüber vernehmen.

OBERST. Ja, wenn wir die Ehre hätten, in Gesellschaft zu speisen.

KAMMERHERR. Nicht? Ich weiß nicht anders, als daß Sie auch eine Karte bekommen; ich habe sie mit meinen Augen gesehen. <54>

OBERST. Ja, aber die Sachen haben sich ein wenig verändert, weil die Frau Schwester – –

FRAU VON SCHMERLING. hitzig. Schon wieder die Frau Schwester?

OBERST. Nu, nu!

FRAU VON SCHMERLING. Ich kam bald darauf hin, setzte den Hofrath über diese und andere Sottisen zur Rede, ein Wort gab das andere –

kurz, wir giengen völlig brouillirt aus einander. Was das possirlichste dabey war, meine saubere Nichte, die Frau Hofräthinn, mit der ich vorher ein kleines *tête à tête* hatte, und die bisher immer *des nôtres* war, sattelte mit einmal um und nahm des Herrn Gemahls Partie *chaudement* –

KAMMERHERR. *Chaudement?*

FRAU VON SCHMERLING. *Et très chaudement, je vous assure.*

KAMMERHERR. Es thut mir leid. Ich versprach mir so viel Vergnügen in Ihrer Gesellschaft ––

FRAU VON SCHMERLING. Sorgen Sie nicht. Wir speisen deswegen doch mit einander.

Der Oberst horcht hoch auf.

KAMMERHERR. Wie das? <55>

FRAU VON SCHMERLING. Sie kennen das gute, sanfte Mädchen – die Mamsell Reinhard?

KAMMERHERR. Meine Zukünftige?

FRAU VON SCHMERLING. Ja. Sie wissen, sie kann kein Kind betrüben, und ihr empfindsames Herzchen leidet bey dem geringsten Verdrusse ihrer Anverwandten. Der Vater hat den Narren an ihr gefressen, hegt eine Affenliebe für sie und kann ihr nichts abschlagen. Der hab ich *par écrit* einen Wink gegeben, und die wird alles schon wieder ins Geleis bringen.

OBERST. Meynen Sie?

FRAU VON SCHMERLING. Zuverläßig! Ich wette, eh eine Viertheilstunde vergeht, ist sie selbst hier, uns gehorsamst einzuladen.

KAMMERHERR. Selbst? Vortreflich! Vielleicht könnte ich meine eigene Angelegenheit zu gleich befördern. Haben Sie, gnädige Frau, nach Abrede einigen Antrag gemacht?

FRAU VON SCHMERLING. Ja wohl!

KAMMERHERR. Und mit welchem Erfolg?

FRAU VON SCHMERLING. Ey nun! so, so!

OBERST. Sagen Sie es doch nur deutsch heraus: mit dem schlechtesten von der Welt.

46

KAMMERHERR. Ich will nicht hoffen. <56>

FRAU VON SCHMERLING. Müssen Sie denn immer mit der Thür ins Haus fallen?

KAMMERHERR. So ists wahr?

FRAU VON SCHMERLING. Sie kennen ihn: freylich nahm ers nicht, wie er sollte ––

OBERST. Sondern sprühte Feuer und Flammen; sprach von Wegwerfen –

KAMMERHERR. Von Wegwerfen? und meine Ehre ist allso kompromittirt?

FRAU VON SCHMERLING. Nicht doch! Wie sie es auch gleich nehmen. Er verwarf die Verbindung keinesweges, sondern tadelte nur die Art des Antrags ––

KAMMERHERR. Ich dächte diese Art wäre nur eine kleine Ersetzung dafür, daß ich mich über alle Bedenklichkeiten einer Mißheyrath hinwegsetze, und mir ein *ridicule* in den Augen des ganzen Hofes gebe. Ich möchte doch wissen, wenn ich meinen Namen, meinen Rang, mein Ansehen beym Fürsten in Eine Waagschale lege, was der Herr Hofrath in die andere legen kann?

OBERST. Ein hübsches, verständiges Mädchen und herrliche Dukaten!

KAMMERHERR. Der Herr Oberst scheinen sich mit der *façon de penser à la roturier* schon ziemlich familiarisirt zu haben? <57>

OBERST. Und der Herr Kammerherr scheinen nebst meiner Frau Schwester die Saiten zu hoch zu spannen. Ich habe nichts sagen mögen, aber es ist eine alberne, auf Hirngespinste und abgeschmackte Prätensionen gegründete Zumuthung, die man dem Hofrath macht –

FRAU VON SCHMERLING. Herr Bruder, sind Sie ausgelassen?

OBERST. Nu! nu!

FRAU VON SCHMERLING. Denken Sie, Sie haben Ihre Fähnriche vor sich, die Sie für eine Mahlzeit Essen schurigeln können, wie Sie wollen?

OBERST. Nu, nu!

KAMMERHERR. *Laissons cela!* Ich werde die Sache von einer andern Seite angreifen. Der Herr Hofrath weiß vielleicht nicht, daß ich es bin, der ihm die Stange bey Hofe hält; daß er ohne mich längst eine *culbute*[29] gemacht hätte, daß ich die verdiente Ahndung des Fürsten für seine impertinenten Widersprüche gegen des Fürsten Willen, oft abgewendet habe. Aber ich werde ein paar Worte im Namen Sr. Durchlaucht mit ihm sprechen. <58>

FRAU VON SCHMERLING. Thun Sie das, es kann nicht schaden.

OBERST. Nur vor Tische nicht, damit wir ihm und uns den Appetit nicht verderben. Ah! sieh da unser Holländer!

Sechster Auftritt.

Vorige. Der Lieutenant.

OBERST. Wie gehts, Lieutenant? Wo haben Sie einmal wieder gesteckt? Wieder grillisirt?

LIEUTENANT. Ich bitte um Verzeihung. Ich habe nach der Parade einige Staabsofficiere besucht, bin einen Augenblick auf dem Kaffeehause gewesen und komme nun der gnädigen Tante meinen Arm anzubieten, um sie zu dem Herrn Hofrath zu begleiten.

FRAU VON SCHMERLING. Ich danke Ihnen, Herr Lieutenant. Aber dazu ists noch Zeit.

LIEUTENANT. Ich kann warten.

FRAU VON SCHMERLING. Bey dem Herrn Hofrath wird zwar Schlag zwölf Uhr gespeist, allein wir erwarten noch einen Besuch von Mamsell Reinhard ――

LIEUTENANT erröthend.[30] Von Wilhelminen? <59>

FRAU VON SCHMERLING. Ja! Aber ist mirs doch, als würden Sie roth bey dem Namen?

---

[29] wörtlich: Purzelbaum, hier sovielwie Kündigung.

[30] »Ich weiß wohl, daß das Erröthen und Erblassen, wegen des einmal aufgelegten Carmins, nicht wohl zu machen ist; auch soll es der Schauspieler nicht machen, sondern der Zuschauer soll es nur sehen, dessen Sache es ist: nicht zu setzen, und doch zu glauben.«

LIEUTENANT. Ich? Verzeihen Sie, gnädige Frau.

FRAU VON SCHMERLING. Wenn ist Ihr Urlaub um, Herr Lieutenant?

LIEUTENANT. In ein paar Tagen.

FRAU VON SCHMERLING. Denken Sie ihn sich verlängern zu lassen, oder zu reisen?

LIEUTENANT. Ich reise.

Siebenter Auftritt.

Vorige. Wilhelmine, der Philipp die Thüre öffnet.

PHILIPP. Fräulein Reinhard. Geht ab.

FRAU VON SCHMERLING für sich die Nase rümpfend. Fräulein!

WILHELMINE küßt der Frau von Schmerling die Hand Guten Morgen, gnädige Tante!

FRAU VON SCHMERLING. Guten Morgen, Bäschen. <60>

Wilhelmine will dem Obersten die Hand küssen, der es aber nicht zuläßt, sondern ihr die Stirne küßt.

OBERST. Guten Morgen, liebes Mädchen.³¹

FRAU VON SCHMERLING. Wie stehts zu Hause, Mamsell Minchen?

WILHELMINE. Alles recht gut. Viel Empfehlungen von meinem Vater und von meiner Mutter; sie hoffen Sie allerseits bey Tische zu sehen,

FRAU VON SCHMERLING. Nun, Herr Oberst?

OBERST. Nu, nu. für sich. Das Weib hat den Teufel!

FRAU VON SCHMERLING. Minchen, weil wir hier eben so *en Famille* bey einander sind, hab ich ein Wörtchen mit Ihnen zu reden.

WILHELMINE. Befehlen Sie!

FRAU VON SCHMERLING. Sie sind ein liebes, gutes Mädchen, das Verstand hat, und in den Jahren ist, einen Mann zu nehmen.

WILHELMINE. O gnädige Tante, daran denk ich noch nicht. <61>

FRAU VON SCHMERLING. Die Sprache kennen wir, Bäschen. – Es käme nur darauf an, eine schickliche Partie für Sie zu finden.

WILHELMINE. Verschonen Sie mich, gnädige Tante. Im sechszehnten Jahre braucht man sich nicht zu übereilen. Und warum sollt ich es! Wie

---

³¹ »Wilhelmine wird wissen, einen Unterschied in den Verbeugungen gegen den Kammerherrn und den Lieutenant, zu machen; denn ich wills ihr nur stecken: sie ist in den Lieutenant verliebt.«

und wo kann ich glücklicher leben, als bey meinem Vater? Mir geht nichts ab ––

FRAU VON SCHMERLING. Außer das, was wir alle gern für Vater und Mutter vertauschen.

WILHELMINE. Machen Sie keine Ausnahme?

FRAU VON SCHMERLING. Nicht leicht. Der Fall müßte sonderbar seyn.

WILHELMINE. Lassen Sie es immer den meinigen seyn, gnädige Tante.

FRAU VON SCHMERLING. Wirklich? Sollte Ihr Herzchen keine Leere empfinden?

WILHELMINE. Nein, gnädige Tante; es ist ganz mit der Liebe zu meinen Aeltern und Anverwandten erfüllt.

FRAU VON SCHMERLING. Ha, ha! Lieber gar mit der Liebe des Nächsten. Was das Ding sittsam thut!

OBERST. Frau Schwester!

FRAU VON SCHMERLING. Herr Bruder – ohne sich in meinen Vortrag zu mischen. <62>

OBERST. Nu, nu!

FRAU VON SCHMERLING. Sie sind verständig genug, Bäschen, einzusehen, wie sehr mir die Ehre Ihres Hauses am Herzen liegt; durch die Verbindung eines Mannes von Ansehen mit Ihnen, kann solches noch glänzender werden: und die Partie ist gefunden. Ich stelle Ihnen hier den Freyherrn von Wilsdorf, ersten Kammerherrn des Fürsten, als Ihren künftigen Gemahl vor.[32]

WILHELMINE. Mein Herr Kammerherr, eine solche Ehre ––

KAMMERHERR. Kann Ihnen, bey Ihren Vorzügen, nicht unerwartet seyn.

WILHELMINE. So unerwartet, daß ich nicht Worte zu finden weiß, etwas auf einen solchen Antrag zu sagen.

FRAU VON SCHMERLING. Thut nichts, Minchen, thut nichts. Ein wenig verlegen kann ein Mädchen bey solchen Anträgen immer seyn oder thun, nachdem es fällt.

––––––––––––––––––––––

[32] »Carmin! laß doch zu, daß der Lieutenant hier blaß werden könne.«

WILHELMINE. Ich bin es wirklich.

FRAU VON SCHMERLING. Ich glaub dirs, Närrchen, glaub dirs. Ich weiß, wie mirs war, <63> als mir vor zwanzig Jahren der erste Antrag geschah. Leider! fühlt man so was gemeiniglich nur einmal in seinem Leben! Da wirds einem so eng ums Herz; da flimmerts vor den Augen; da schwirbelts einem im Kopf!

WILHELMINE. Ich versichere, gnädige Tante, daß ich von allem dem nichts empfinde.

FRAU VON SCHMERLING. Und ich versichere, Minchen, daß ich dirs nicht glaube. Doch zur Sache! Ich hoffe, Mademoiselle, Sie haben gegen die Person des Kammerherrn nichts einzuwenden?

WILHELMINE. Gnädige Tante –

FRAU VON SCHMERLING. Er ist aus einer der ältesten Familien; bekleidet eine ansehnliche Stelle bey Hofe, und ist der Liebling des Fürsten.

WILHELMINE. Gnädige Tante – ich –––

FRAU VON SCHMERLING. Nun, was sollen die abgebrochenen Sylben? die niedergeschlagenen Augen?

WILHELMINE. Sie ängstigen mich, gnädige Tante ––

FRAU VON SCHMERLING. Hat sich was zu ängstigen. Es kostet wohl eine mächtige Mühe zu einem solchen Antrag, durch den sich die ersten <64> Häuser unserer Stadt beehret finden würden, Ja zu sagen.

Wilhelmine, mit einem Blick auf den Lieutenant. Wenn ich auch nichts gegen den Antrag einzuwenden hätte, so darf ich nicht vergessen, daß ich einen Vater habe.

FRAU VON SCHMERLING. Einen Vater, der seinem lieben Töchterchen nichts abschlägt, das wissen wir! Der blind seyn müßte, wenn er die Vortheile einer solchen Verbindung nicht endlich einsehen wollte, so närrisch und übertrieben sein Eigensinn auch ist.

Wilhelmine empfindlich. Gnädige Frau, Sie sprechen von meinem Vater.

FRAU VON SCHMERLING. Vom wem sonst?

WILHELMINE. Und zu seiner Tochter!

51

FRAU VON SCHMERLING. Sieh, sieh, wie das kleine Ding sich ereifert! Hat das Täubchen auch Galle?

LIEUTENANT. Mich dünkt, diese Ereiferung macht ihr Ehre.

FRAU VON SCHMERLING. Ah sieh da! Herr Lieutenant! Bald hätt' ich vergessen, daß Sie auch da sind. Ich verbitte mir alle Theilnehmung an Sachen, die Sie nicht betreffen.

LIEUTENANT. Es ist meine Kousine.<65>

FRAU VON SCHMERLING. Um deren Versorgung Sie sich doch wohl den Kopf nicht zerbrechen? –Kurz. Mamsell Reinhard, Sie wissen meine Meynung, wissen, daß ich durchzusetzen weiß, was ich einmal angefangen habe – ich sähe gern, wenn Sie sich hier in Gegenwart Ihrer Verwandten erklärten, damit wir desto kürzeres Spiel mit Ihrem Herrn Vater hätten.

WILHELMINE. Ich bitte Sie nochmals, gnädige Frau, verschonen sie mich.

FRAU VON SCHMERLING. Eine Erklärung, Mamsell!

WILHELMINE entschlossen. Gut, hier ist sie. – Herr Kammerherr, Sie spielen hier wider mein Verschulden eine unangenehme Rolle.

KAMMERHERR. In der That, ich fühle so etwas.

WILHELMINE. Es thut mir leid, Herr Kammerherr. Allein, da ich kaum die Ehre habe Sie zu kennen – da ich nicht von mir, sondern von einem Vater abhänge, ohne dessen Willen ich selbst den unbedeutendsten Schritt nicht thue, so müßen Sie selbst gestehen, daß die Zumuthung meiner gnädigen Tante, so sonderbar ist –– <66>

KAMMERHERR. Nachdem die Umstände sind.

WILHELMINE. Die Umstände mögen seyn, wie sie wollen – so dringend sind sie wenigstens nicht, daß ich, bey dem wichtigsten Schritte, den ein Frauenzimmer thun kann, ohne alle Ueberlegung, ohne Zuziehung meines Vaters eine entscheidende Erklärung von mir geben sollte.

KAMMERHERR. Hoffen, werde ich doch wenigstens dürfen, Mademoiselle?

WILHELMINE. Machen sie sich nicht die geringste Hoffnung, Herr Kammerherr.

KAMMERHERR bey Seite zur Frau von Schmerling Ist das das zahme Täubchen, das zu Allem ja sagen würde?

FRAU VON SCHMERLING. Bravo! Vortreflich, Mamsell Reinhard! Nicht die geringste Hoffnung? Die Sprache steht einem Mädchen, wie Sie sind, ungemein gut. Aber, ich will Ihnen was sagen, mein Mäuschen! Mir binden Sie nichts auf. Dahinter steckt etwas anders, als die liebe Unschuld, als die blinde Folgsamkeit für den Willen Ihres Vaters. – Aber – das sag ich Ihnen, merk ich, daß Sie sich an einen bürgerlichen Kerl gehängt haben – <67>

WILHELMINE. Gnädige Frau, wenn Sie dieß Gespräch nicht abbrechen, so muß ich gehen ――

FRAU VON SCHMERLING. Nicht ohne uns. Der Kammerherr wird Ihnen den Arm geben, wenn Sie gnädigst erlauben. Bey Tische sprechen wir weiter. Kommen Sie, Herr Bruder. Der Herr Lieutenant werden wohl nachkommen?

LIEUTENANT. Ja, gnädige Frau.

Der Oberst führt seine Schwester, der Kammerherr Wilhelminen, ab; Im Abgehen wirft Wilhelminen ihren Fächer zurück, der Lieutenant springt hinzu ihn aufzuheben, sie winkt ihm, es nicht zu thun.

Achter Auftritt.

Lieutenant, allein. Hernach Wilhelmine.

Hab ich dich verstanden, englisches Mädchen? Hab ich! – O dann Dank Ihnen, gnädige Tante, Dank, den beßten Dank! Sie nöthigten dem holden Mädchen eine Erklärung ab, in der meine ganze Glückseligkeit liegt. Wie herrlich seyd ihr belohnt, ihr Tage des Grams, ihr kummervollen Nächte!

Wilhelmine die eilend zurück kömmt. Ich muß – meinen Fächer hier haben fallen lassen. <68>

Lieutenant zu ihren Füßen. Hier, hier ist er!

WILHELMINE. Was ist Ihnen? Was wollen Sie, Herr Lieutenant?

53

LIEUTENANT. Soll ich sie nicht verstanden haben?

WILHELMINE. Karl!

LIEUTENANT. Wilhelmine![33]

LIEUTENANT, ihre Hand mit Entzücken haltend. Genug, Engel! genug. Ich habe dich verstanden – verstehe dich!

WILHELMINE. Lassen sie mich, Karl! Um Gottes willen, lassen Sie mich! Ich stahl mich nur ab – sie waren an der Thür – ich muß fort. – Bey Tische sehen wir uns. O Karl! Karl! Eiligst ab.

LIEUTENANT, nach ein Pause. Wo war ich? Wo bin ich? – Ha! Ein solcher Augenblick söhnt uns mit allen Widerwärtigkeiten des Lebens aus. – Welch ein Blick! – Und der <69> Ton ihrer Stimme! – Der sanfte Druck ihrer Hand! – O ein ganzer Himmel lag darinn! – hier stand sie! Mein Fuß betritt die heilige Stätte, wo der Engel stand, der mich liebt. – Der dich liebt, unglücklicher Karl!

Neunterᵠ Auftritt.

Lieutenant. Philipp mit ein Flasche Wein, holländischem Käse und Brod.

PHILIPP. Gott lob! daß sie einmal fort sind.

LIEUTENANT. Fort? wer ist fort?

PHILIPP. Nu, die Herrschaften. Sie müßen heut einmal zur Mittagszeit frühstücken, Herr Lieutenant.

LIEUTENANT. Ich mag nicht; ich will nicht! – Ich muß Sie noch einmal sehen, und wärs auch nur der Saum ihres Kleides. ab.

Philipp allein. Was war das? – Der Teufel weiß, was ihm einmal im Kopf steckt. – Er mag nicht? Er will nicht?– Nu, so will ich. indem er das Frühstück auf den Tisch stellt. Es ist doch ein ganz anders Ding um so ein Frühstück, als mit dem verzweifelten braunen und gelben Wasser; es hat doch Konsistenz. Ja, ja; das liebe Holland! Es ist ein gar gutes <70> Land! Wollt, wir

---

[33] »Es ist die Sache des Schauspielers und der Schauspielerin, bey diesen wenige Worten in Ton und Blick den feurigsten Ausdruck wechselseitiger Liebe zu legen. Vorschreiben läßt sich so was nicht, und wenn mans könnte – der Stümper machts doch nicht, und dem guten Schauspieler sagts sein Mitgefühl, was der Dichter will.«

wären schon wieder da. Schöner Käse! Schöne Dukaten! Schöne Mädchen! So oft ich an meine kleine runde Holländerinn mit dem engen Mieder, mit der reinlichen Schürze, denke; an die schönen runden unbeschnittenen Dukaten, die noch in keines Deutschen Juden Hände gewesen waren; so oft ich mich er schneidet ein großes Stück vom Käse ab in deiner Betrachtung vertiefe –

LIEUTENANT noch draussen. Philipp!

PHILIPP läßt Messer und Käse fallen. Herr Lieutenant!

LIEUTENANT. Pack meinen Mantelsack!

PHILIPP. Ihren Mantelsack?

LIEUTENANT. Ja, ja, ja!

PHILIPP. Wollen Sie denn reisen?

LIEUTENANT. Nach Tisch.

PHILIPP. Wo denn hin?

LIEUTENANT. Was weiß ich? Fort!

PHILIPP. Aber, Herr Lieutenant ––

LIEUTENANT. Kein Aber. Schweig! – Verdammtes Schicksal!

PHILIPP. Herrlicher Käse!

LIEUTENANT. Warum mußt ich den Engel kennen lernen? <71>

PHILIPP. Warum mußt ich den Vorschmack deiner Vortreflichkeit genießen?

LIEUTENANT. Die Augen, die sie machen wird!

PHILIPP. Die schönen Augen, die er hat.

LIEUTENANT. Wenn ich nun so vor ihr stehen, ihr das letzte Lebewohl vorstammeln werde! – Wenn Thränen der Liebe und des Mitleids ihr die Wangen herabströmen ––

PHILIPP. Wenn ich nun so vor dir stehen, zum letztenmal ein Stück von dir abschneiden, und deine Thränen fließen sehen werde!

LIEUTENANT. Philipp!

PHILIPP. Herr Lieutenant!

LIEUTENANT. Wer bin ich?

PHILIPP. Sie? – Sie – sind mein Herr.

55

LIEUTENANT. Was bin ich?

PHILIPP. Lieutenant in holländischen Diensten. Freylich sollten Sie schon weiter seyn, wenns nach Verdiensten gienge – Aber bin ich doch auch nur Reitknecht.

LIEUTENANT. Was bin ich sonst?

PHILIPP. Sonst? – So außer dem Lieutenant? – Ein – ein ehrlicher Mann.

LIEUTENANT. Dummkopf! – Arm bin ich! – Unglücklich bin ich! <72>

PHILIPP. Ums Himmels willen, beßter, liebster Herr Lieutenant, was fehlt Ihnen?

LIEUTENANT. Alles!

PHILIPP. Und haben mich noch?

LIEUTENANT. Schweig! Ich habe jetzt nicht Lust, deine Alltagsspäße anzuhören.

PHILIPP für sich. Es ist Ernst; umgesattelt.– Herr Lieutenant, ich bin Ihr wahrer Sancho Pansa, das wissen Sie; ein theilnehmender, gutherziger Kerl, der Lachen und Weinen in einem Sacke hat; aber um Vergebung, ich spaße itzt nicht. Und einem treuen, ehrlichen Kerl, der nun zehn Jahre bey Ihnen dient; Frost und Hitze, Wind und Wetter, Glück und Unglück, mit Ihnen ertragen hat, dem ists wohl vergönnt, ein Wörtchen zu seiner Zeit mitzureden. – Und Ihr seeliger Vater – weinen muß ich, wenn ich an den alten braven Herrn denke ––

LIEUTENANT. Weinst du? Ich wollt, ich könnts auch! Aber hier drückts und drängts, und will nicht brechen.

PHILIPP. Er empfahl mir Sie auf dem Todbett. Sie waren ein junges Herrchen von zehn Jahren, waren Kadett. „Kerl, sagt er zu mir, ich weiß: du liebst mich – mit mir ists <73> aus. Dreyzehn Blessuren, meine Equipage und der Bube da – sind mein ganz Vermögen. Meine Blessuren nehm ich mit, das Uebrige vermach ich dir!" Das war sein ganzes Testament; er drückte mir die Hand und starb. Und sehen Sie, Herr Lieutenant, ein Schurke müßt ich seyn, wenn ich so ein Testament nicht ausrichtete. Wie ein ausgemachter Schurke müßt ich an jenem Tag bestehen, wenn er mich fragte: „Kerl! wie hast du mein Testament verwaltet?" – Nein, Herr Lieutenant, ich muß für Sie stehen.

LIEUTENANT. Du – für mich? Ein Mensch für den andern? – Du bist unsinnig, Kerl! kennst die Menschen nicht –

PHILIPP. Aus gedruckten Büchern nicht viel – aber aus dem großen, großen Buche: Erfahrung, kenn ich sie genug!

LIEUTENANT. So weißt du allso, daß sie heut zu Tage alle mehr als eine Seite haben?

PHILIPP. Sie nicht, Herr Lieutenant; Sie gewiß nicht.

LIEUTENANT. Du kennst mich allso?

PHILIPP. Wie mich selber.

LIEUTENANT. Ha, ha, ha!

PHILIPP. Was lachen Sie? <74>

LIEUTENANT. Ueber deine Einfalt! Wenn du mich nicht besser kennst, als du dich selber, so kennst du mich schlecht.

PHILIPP. Nun das wär doch sonderbar, wenn ich mich nicht selber kennen sollte.

LIEUTENANT. Nein, sag ich dir, nein! Von unzähligen, oft ganz unerheblichen Umständen hängt oft die Veränderung unsers Temperaments, unsers Charakters, unserer Leidenschaften ab. Wir denken und handeln oft in einer Minute anders, als in der vorigen. Ich befehle dir itzt, meinen Mantelsack zu packen; ich bin itzt fest entschlossen abzureisen; fest entschlossen von dem Mädchen auf ewig Abschied zu nehmen, sie durch keine Niederträchtigkeit zu besitzen –– – und doch, doch! – Großer Gott! Was soll ich thun? wirft sich in einen Stuhl.

PHILIPP stutzt. In einer Minute anders, als in der vorigen? – Das Ding muß ich doch untersuchen. Er kostet sehr bedächtlich den Käse. Er schmeckt mir wie vorhin. Erˢ trinkt ein Glas Wein. Er schmeckt mir wie vorhin. O ho, Herr Lieutenant, da sind Sie widerlegt. Das nennte mein Lehrmeister, der Feldprediger, ein *Argumentum ad hominem*. <75>

LIEUTENANT. Kerl, mach mich nicht wild! Fort, sag ich, und pack ein!

PHILIPP. Nun ists Zeit! – Da hat die liebe Liebe einmal wieder einen dummen Streich gemacht. ab.

LIEUTENANT allein. Giebt es eine unglücklichere Lage als die meinige? – Da sitz' ich – und Vernunft und Liebe werfen mich umher, wie Wind und Wetter ein segelloses Schiff. – Ich liebe ein Mädchen, das mir die Welt zu einem Elysium machen würde – ich werde von diesem Mädchen wieder geliebt, und ich soll sie nicht besitzen, weil – weil ich ein armer Teufel bin! –– Glücklich seyn können, und nicht glücklich seyn dürfen, das ist hart – hart! Auslachen würd er mich, der Hofrath, wenn ich ihm mir einem solchen Antrag käme. Und gesetzt, gesetzt, ich erbettelte sie – Erbetteln ists wahre Wort zur Sache – soll ich einem Mädchen mein ganzes Glück verdanken? – Aber dieß Mädchen ist Wilhelmine! – Ha! und wenn es ein Seraph wäre. Der Gegenstand kann Niederträchtigkeit entschuldigen, aber nicht rechtfertigen. Fort allso! Philipp bringt einen Mantelsack, ein Paar Uniformen und Wäsche. <76>

LIEUTENANT. Gut, das du kommst. Mach fort!

PHILIPP. O mit den'n anderthalb Sachen will ich bald fertig seyn! Wann soll ich die Pferde satteln?

LIEUTENANT. Um zwey Uhr müßen sie parat stehen.

Zehnter Auftritt.

Vorige. Louise.

LOUISE. Herr Lieutenant, die ganze Gesellschaft ist beysammen; man wartet nur auf Sie.

LIEUTENANT. Auf mich? Gut! für sich. Ich werde sie sehen, zum letztenmal! Standhaft, mein Herz! Er will gehen. Philip reicht ihm einige Schnupftücher. Was soll das?

PHILIPP. Ich fürchte, es möchte viel Wasser beym Abschied geben.

LIEUTENANT wirft ihm die Tücher an den Kopf. Unempfindlicher Klotz! geht ab. <77>

Eilfter Auftritt.

Philipp. Louise.

LOUISE. Was war das?

PHILIPP, sucht die Tücher zusammen. Das waren, eins, zwey, drey, vier, fünf, sechs Schnupftücher, gerade ein halbes Dutzend.

LOUISE. Aber was wollte Er damit?

PHILIPP. Sieht Sie nicht, daß ich einpacke? Wir reisen, und mein Herr nimmt nach Tisch Abschied, und weil ich meine guten Ursachen habe, zu glauben, daß es nicht ohne Greinen abgehen wird, so wollt ich meinem Herrn mit Schnupftüchern verproviantiren.

LOUISE. Ihr wollt reisen? Und so plözlich?

PHILIPP. Ja, wie Sie sieht: *dictum, factum*, sagte mein Lehrmeister, bey ähnlichen Vorfällen. In einem weinerlichen Ton. Und weil es denn nun nicht anders seyn kann, und es geschieden seyn muß – so lebe wohl, geliebte Flasche! trinkt. zum letztenmal, leb wohl! Leb wohl, auch du, geliebte Louise! Er will sie umarmen.

LOUISE hält ihn zurück. Scherz bey Seite, Philipp, reiset ihr wirklich?

PHILIPP. *Ma foi!* <78>

LOUISE. Und Er ist doch so aufgeräumt?

PHILIPP. Ja was soll ich thun? Man muß Herr über sich seyn. Indessen glaub Sie mir, daß es mir doch auch ganz weich ums Herz ist. Allein Scheiden bringt Leiden, und Wiedersehn bringt Freuden! Und das hoff ich zu erleben, und in bessern Umständen, als itzt. Und sieht Sie, wenn ich denn nun so ankomme, und zu Ihr sage: Ihr Diener, da bin ich; willst Du mich, so will ich Dich. Und wenn ich Ihr denn so eine Tasche voll Dukaten und harter Thaler mitbringe –

LOUISE. Ja, mein lieber Philipp, das ist alles schön und gut, wenn es nur gleich wäre! Ich wollte gern zu Ihm sagen! Willst Du mich, so will ich Dich.

PHILIPP. Wahrhaftig? Nu, das war deutlich. Aber sieht Sie, meine liebe Louise, Ehen werden im Himmel geschlossen, und mit uns muss es wohl noch nicht reif genug seyn – denn ich muss reisen.

LOUISE. Je nun, wenns nicht anders seyn kann, muss man sich drein ergeben. Besser, ist freylich besser!

PHILIPP. Freylich wohl! <79>

LOUISE. Nun, Er kömmt doch noch hin Abschied nehmen?

PHILIPP. Versteht sich, mein Herzchen.

LOUISE. Nun, so komm' Er bald nach. Ich will denken: Aufgeschoben, ist nicht aufgehoben. ab.

Zwölfter Auftritt.

Philipp, allein.

Die ist hitzig! Hätt ich nicht mehr Verstand, so wär der einfältige Streich fertig. Eine Frau hat man an dem Hals, wie ein Fieber: das Schlimmste ist nur, daß die China[34] nicht so bewährt wider die Weiber ist, als widers Fieber! Er nimmt den Mantelsack und geht ab.

Ende^t des zweiten Aufzugs. <80>

---

[34] Gemeint ist die Chinarinde: Der Name hat nichts mit China zu tun und stammt wahrscheinlich vom Quechua-Wort kina-kina (auch quina-quina) „Rinde der Rinden" als Bezeichnung für die als Heilmittel gebrauchte Rinde vom Roten Chinarindenbaum, der in Mittel- und Südamerika wächst.

Dritter Akt.

Im Hause des Hofraths.

Erster Auftritt.

Friedrich, aus dem Speisesaal kommend, Louise von einer andern Seite.

FRIEDRICH. Das ist zum todtlachen, ha, ha, ha!

LOUISE. Was Guckuck! hat Er denn einmal zu lachen?

FRIEDRICH. Zum todtlachen sag ich Ihr.

LOUISE. Nun was denn?

FRIEDRICH. Das Mittagsessen vergeß ich in meinem Leben nicht.

LOUISE. Vergeß Er nur nicht, daß ich ein Mädchen bin.

FRIEDRICH. Und allso Ihre gute Portion Neugierde hat, wie Evens Töchter alle?

LOUISE. Wenn du das weißt, Hans Narr, was quälst du mich denn?

FRIEDRICH. Nicht geschimpft, Mädchen! Das ist der Weg nicht, was von mir herauszubringen. Aber ein gutes Wort findet eine gute Stelle. <81>

LOUISE. Nun, so sag Er mir doch, mein lieber Friedrich.

FRIEDRICH. Ja, meine liebe Louise, von Herzen gern. Haarklein will ichs Ihr nun erzählen. Sie weiß doch, daß der Hofrath sich heute weidlich mit der gnädigen Frau herumgebissen hat?

LOUISE. O ja, wegen der sechs Schüsseln.

FRIEDRICH. Und wegen Minchens Heyrath –

LOUISE. So? spinnt sich eine Heyrath an?

FRIEDRICH. Ja wohl; angesponnen wars; aber der Hofrath riß den Faden entzwey.

LOUISE. Schade! Da komm ich um ein neues Kleid.

FRIEDRICH. Das Sie doch wohl nicht auf Kosten der Glückseligkeit Ihrer Herrschaft verdienen will? – Sieht Sie, Louise; wüßt ich, daß Sie so dächte ––

LOUISE. Pfui, Friedrich! wie kann Er so was von mir denken? Meine Herrschaft geht mir über alles.

61

FRIEDRICH. Das heißt Ihr Gott sprechen! – Hernach hats wieder Händel gegeben, wegen unsers jungen Herrn, der durchaus Offizier werden soll. <82>

LOUISE. Dazu schickt sich der Wildfang am beßten.

FRIEDRICH. Wildfang?

LOUISE. Es ist wahr; er läßt ja keine Schürze ungeneckt.

FRIEDRICH. Und das ist so Offiziers Art. Ey, ey! Jungfer Louise, woher weiß Sie denn das? Etwa von den Fähnrichen, die hier neben an in Quartier liegen?

LOUISE. Er ist ein Narr!

FRIEDRICH. Ja, Louise, wenn das wäre – ich wollte dich befähnrichen, du solltest dein Lebtage an die Fähnrichs denken. Pfui, pfui, pfui! Ein Mädchen, das sich mit jungen Offizieren abgiebt, ist keinen abgesetzten Kreuzer werth.

LOUISE. Musje[35] Friedrich, sey Er nicht unverschämt!

FRIEDRICH. Nun, wo hätte Sie denn sonst die Erfahrung her? Von dem holländischen Lieutenant doch wohl nicht?

LOUISE. Wahrhaftig nicht! Dem würde auch Mantel und Kragen besser stehen, als der Degen, so ehrbar ist er.

FRIEDRICH. Es ist ein braver, rechtschaffner junger Mensch, den der Hofrath sehr lieb <83> hat. Aber sein Kerl, der Philipp, der Spaßmacher ––

LOUISE. Laß Er mir den Philipp gehen. Freylich ist er kein Sauertopf wie Er.

FRIEDRICH. Nein, es ist ein kreuzbraver Kerl! Ein Kerl, der die Welt gesehen, und bey der Bagage Pulver gerochen hat.

LOUISE. Es ist immer gut, wenn sich ein Kerl was in der Welt versucht hat. Aber, was geht mich Philipp an? Mach Er nur, daß ich die Geschichte höre, eh sie vom Tisch aufstehen.

---

[35] Verstümmelt aus „Monsieur".

FRIEDRICH. O das hat noch ein Weilchen Zeit! Eh der dicke Major und der Kirchenrath nicht voll sind, ehr stehen sie nicht auf; und die sind erst bey der zwölften Bouteille. Nun sieht Sie, das Ding gieng denn heute so weit, daß der Hofrath dem Obersten und der gnädigen Frau die Thüre wies, und die trollten denn auch ab. Minchen, die gleich vor Ach und Weh vergehen will, wenn sie Hader und Zwietracht sieht, kriegte ihren Herrn Papa *coram*, und streichelt ihn, und schmeichelt ihm so lange, bis er sagte: „Nun, so laß sie ins Teufels Namen kommen!" Mehr wollte sie nicht. Husch! hüpfte sie dir fort <84> wie ein Rehböckchen, und brachte dir den Obersten und den ganzen *Appendix*.

LOUISE. Wer ist das? Den kenn ich nicht, den Herrn Apendiks.

FRIEDRICH. Narre! das ist kein Herr, sondern das, was einer Person so anhängt. – So ist zum Exempel: der Mann das *Opus*, und das Weib ein *Appendix*. Der Oberst also und seine Schwester –

LOUISE. Umgekehrt wird ein Schuh draus. Bey der ist der Oberst also der Apendiks.

FRIEDRICH. Appendix heißts. Es ist eine wahre Marter euch Ignoranten gelehrte Wörter korrumpiren zu hören.

LOUISE. Nu, ich will mirs merken. Nur weiter!

FRIEDRICH. Der Hofrath hatte sich mit dem alten Geheimenrath an ein Fenster gestellt ––

LOUISE. Mit dem, der die wollene Perücke, die abgekappten Schuh und die langen Westen trägt?

FRIEDRICH. Ja; heute hatte er eine Weste an, da war dir ein ganzer Obstgarten drauf; und denn hatt er ein Paar Kamaschen, die noch funkelnagelneu waren. Nun stand er mit dem Rücken gegen die Thür, und that, als <85> wenn er den Obersten und die gnädige Frau nicht kommen hörte, sondern schwatzte immer fort. Das Gesicht hättest du sehen sollen, das die gnädige Frau zog! wie ein kalekutscher Hahn[36], wenn er einen rothen Rock sieht.

---

[36] kalekutischer Hahn: veraltet für Truthahn; nach der fälschlich angenommenen Herkunft aus Kalikut = alter Name der indischen Stadt Kozhikode.

LOUISE. Das glaub ich!

FRIEDRICH. Wie sie ein Weilchen da waren, rief der Hofrath, ohne sich umzusehen: Laßt anrichten. – Die Suppe wurde gebracht, und nun giengs zu Tische. Da mochte nun wohl dieser und jener Abrede genommen haben, wie sie sitzen wollten; der Hofrath machte aber ein ganz andres Reglement, und so kam die gnädige Frau neben einem bürgerlichen Referendarius, und neben einem Landrath zu sitzen, der eben vom Lande hereingekommen war, und von Koth starrte. Es sah dir gar possirlich aus, wie sie ihre Extremitäten an sich zog, um sich nicht zu beschmutzen.

LOUISE. Ha, ha, ha! Und Minchcn?

FRIEDRICH. Zu der wollte sich der Kammerherr setzen, aber sie kam zwischen ihren Bruder und den holländischen Lieutenant.

LOUISE. Und der Kammerherr?

FRIEDRICH. Den kriegten der Kirchenrath und der Major in die Mitte, und soffen ihm <86> auf gut kanonisch und militärisch aufs Leder; er entschuldigte sich aber mit einer Kur, die er brauchen müßte; ließ ein Gericht nach dem andern vorbeygehen; wie er aber sah, daß keine *hautsgouts* kamen, so bequemt er sich zur Hausmannskost. Der Major schwur, daß ihn das Donnerwetter so tief in die Erde schlagen sollte, als ein Hase in zehn Jahren laufen könnte, wenn er, seitdem er aus Pommern wäre, besser Pökelfleisch und Klösse gegessen hätte.

LOUISE. Nun so ein pommersches Gericht war so eines pommerschen Fluches würdig!

FRIEDRICH. Die gnädige Frau von Schmerling rümpfte die Nase einmal über das andre, wie ein Eichkäzchen, wenn ihm eine Nuß zu hart ist. – Minchen und der Lieutenant saßen stumm wie die Fische; es war mir aber, als wenn ihre Augen eine sehr zärtliche Unterredung mit einander hielten.

LOUISE. So? darum mußt ich so eilig hin springen, und den Lieutenant holen?

FRIEDRICH. Meine Sonntagslivree will ich verwetten, wenn der Holländer nicht angeschossen ist, und Minchen dazu. <87>

LOUISE. Wart! da muß ich den Philipp auf die Zähne fühlen.

FRIEDRICH. Ja, von dem wird Sie was rechts erfahren.

LOUISE. Oh der hat seines Herrn Geldbörse und Wäsche, Kleider und Geheimnisse in Verwahrung.

FRIEDRICH. Nu, an der Bagage wird er nicht schwer zu tragen haben. Doch vielleicht an den Geheimnissen um so mehr, je weniger er von dem Uebrigen hat. – Die Frau von Schmerling, wie die letzte Schüssel kam, fieng an vom Zulebenwissen, vom Wegwerfen und Emporschwingen in der Welt ein langes und breites zu reden. Dem Hofrath hatts schon lange gekocht, der theilte denn derbe Hiebe aus. Wie sie nun endlich von der Heyrath mit dem Kammerherrn anfieng, da war dem Faß der Boden eingestossen. es wird innerhalb geschellt. Oho! der Kirchenrath wird mit der zwölften Bouteille fertig seyn. will fort.

LOUISE. So wart Er doch! Ist seine Geschichte schon zu Ende?

FRIEDRICH. Nein! Aber ich kann Ihr Hochwürden ja nicht dursten lassen. Läuft ab. <88>

Zweyter Auftritt.

Louise, allein.

Der Lieutenant also und Minchen! So, so! Das gäbe mir ein sauberes Pärchen! Der Herr Lieutenant mit zehn Thalern Gage und Fräulein Minchen mit fünfzig tausend Thaler Heyrathsgut! Nein, Herr Lieutcnant, das sind Trauben, die für Sie nicht gewachsen sind.

Dritter Auftritt.

Louise. Philipp.

LOUISE. Ah, sieh da! Philipp. Schon reisefertig?

PHILIPP. Ja! gestiefelt und gespor[n]t. Wenns nur nicht heißt: früh gesattelt, spät geritten.

LOUISE. Dazu könnte Rath werden.

PHILIPP. So? Das wäre mir just gelegen! Ich habe keine Hand voll Futter mehr für die Pferde.

LOUISE. Und für Euch wohl nicht viel mehr?

PHILIPP. Hm! bis wir an Ort und Stelle kommen, reichts wohl. Und dann ––

LOUISE. Und dann liegen wir krumm, bis Löhnungstag ist? <89>

PHILIPP. Mein Seel nicht! Dann machen wir den holländischen Kaufmannsweibern die Aufwartung, und –

LOUISE. Und die sind wohl sehr mitleidig gegen deutsche Officiere?

PHILIPP. Louischen, so frägt man die Bauern aus. Wir sind bescheiden und pralen mit unsern Siegen nicht gern.

LOUISE. Das merk ich. Darum hat Er mir auch noch kein Wörtchen von seines Herrn neuen Eroberung gesagt.

PHILIPP. Neue Eroberung! Was für eine Eroberung?

LOUISE. Ihr laßt euch zwar nicht ausfragen, wie die Bauern, und seyd zu bescheiden, um mit euren Siegen zu pralen, aber wir, wir[u] sind offenherzig, und gestehen gerne: Daß, so wie der bescheidene Musje Philipp die neksche Louise zu überwinden gewußt hat, der nicht minder bescheidene Herr Lieutenant seinen holländischen Trophäen die Eroberung der Demoiselle Reinhard beygefügt hat.

PHILIPP. Das wär der Teufel! Hu, hu! Da geht mir ein mächtiges Licht auf.

LOUISE. Wahrhaftig? Izt erst? Und davon hätte der superfeine Philipp nichts gemerkt? <90>

PHILIPP sich vor die Stirne schlagend. Tölpel, der ich bin!

LOUISE. Ich will nicht widersprechen.

PHILIPP. *Hinc illae lacrymae!*[37] sagte mein Feldprediger. Darum haben wir das Köpfchen gehangen, darum waren wir mürrisch, wetterläunisch und tiefsinnig?

---

[37] = Daher jene Tränen!

66

LOUISE. Darum gaben wir ihr beym Spazierengehn so gern den Arm; darum warfen wir schmachtende Blicke auf sie; darum hofirten wir dem Herrn Hofrath und der Frau Hofräthinn.

PHILIPP. Und sieht ihn denn Mamsell Minchen auch gern?

LOUISE. O freylich! Welch Mädchen könnte einem schlanken, hübschen Offizier, in einer sauber ausgebürsteten Uniform mit Epauletten widerstehen?

PHILIPP. Aber warum Teufel reisen wir denn, wenn wir hier so schöne Hütten bauen können?

LOUISE. Es baut sich nicht so geschwinde, mein guter Philipp! Ich denke, sein Herr reiset, weil er nicht leer Stroh dreschen will, weil er wohl sieht, daß alle Mühe verloren ist; und daß man ein so reiches Mädchen einem Lieutenant von Habenichts −− <91>

PHILIPP, schnell. Was war das?

LOUISE. Versteht Er kein Deutsch?

PHILIPP. Wenn Deutsch grob ist, versteh ichs nicht. Nicht noch einmal, das rath ich Ihr!

LOUISE. Zehnmal! Der Hofrath wird seine Tochter einem solchen Lieutenant von Habenichts nicht geben.

PHILIPP. Blitz und der Hagel! Nicht geben? Warum nicht geben? Ein braver gedienter Offizier ist eines jeden Mädels werth, und wenn sie des großen Moguls Tochter wäre: weiß Sie das, Jungfer Naseweis?

LOUISE. Ha, ha, ha! Der große Mogul und ein Lieutenant!

PHILIPP. Ein Lieutenant! Ein Lieutenant! Aus dem Lieutenant kann ein Feldmarschall werden, aber mit allen ihren Schätzen bleibt Mamsell Reinhard −−− Mamsell Reinhard schlechtweg. Und aufhenken wird sich, mein Herr, mein Seel nicht! wenn er sie nicht kriegt. Habs nun auch weg, warum mein Herr reiset: ich kenn ihn! Er ist viel zu stolz, denkt viel zu groß, als daß er sein Glück einer Schürze verdanken sollte.

LOUISE. Nur nicht unverschämt, Philipp! <92>

PHILIPP. Das müßt ich von Ihr erst lernen! Und wie man in den Wald spricht, schallts wieder heraus, Jungfer. Und weiß Sie was, mir uns ists aus.

LOUISE. Ha, ha, ha!

PHILIPP. Aus, rein ans!

LOUISE bey Seite. Ich bin zu weit mit dem ehrlichen Kerl gegangen. – Philipp, sey Er kein Narr!

PHILIPP. Ey was! Laß Sie mich ungeschoren.

LOUISE. Sprichst du so mit deiner zärtlichen Louise?

PHILIPP. Ich hab den Henker von einer Zärtlichkeit, die sich in Grobheiten äußert. *Absit!*

LOUISE. Es war Uebereilung, lieber Philipp. Komm, gieb mir deine Hand.

Philipp reicht sie ihr, ohne sie anzusehen. Da, zum Lebewohl!

LOUISE. Nicht doch! Pfui! Wenn du als Liebhaber so ein Hans Ungestüm bist, was willst du für ein Ehemann werden?

PHILIPP. Für dich freylich keiner.

LOUISE. Doch, doch! Du weißt nicht, was ich für dich thun will. <93>

PHILIPP. Du? für mich? Ich mag deine Dienste nicht.

LOUISE. Hör mich an, Philipp. Ich habe ein Plänchen gemacht.

PHILIPP. Ein Frauenzimmer und ein Plan! Der Esel und die Laute!

LOUISE. O ich habe gehört, daß es Frauenzimmer gegeben, die zu Bataillen den Plan gemacht.

PHILIPP. Es gab auch einmal einen Esel, der redete. Wunder machen Ausnahmen, aber keine Regel.

LOUISE. Bursche, nur nicht grob! Kurz; ich weiß, daß du eine gute Hand schreibst, und aus deinem Liebesbriefchen weiß ich auch, daß dein Stylum gut ist.

PHILIPP. Mein Stylum! Ha, ha, ha!

LOUISE. Nun, ich meine so die Art, die Manier zu schreiben. Und aus deinen lateinischen Brocken merk ich, daß du einmal durch die Schule gelaufen bist. Da wollt ich nun, du solltest deinen Herrn blos begleiten, zurückkommen – ich wollte unterdessen mit dem Hofrath sprechen, daß er dich als Schreiber ––

PHILIPP, reißt sich los. Ich ein Dintenkleckser! Lieber gar ein Dorfschulmeister! <94>

LOUISE. Nun warum denn nicht? Aus einem Schreiber kann oft ein Geheimerrath werden. Es geht dir gar wunderlich in der Welt! Leute, die sonst hinten auf die Kutsche springen mußten, sitzen itzt drinnen. Komm, komm, nimmt ihn wieder bey der Hand, laß uns Friede machen.

Vierter Auftritt.

Vorige. Friedrich.

FRIEDRICH. Wollt Ihr aus einander, Ihr Teufelszeug! Der Hofrath kömmt.

LOUISE. Komm, komm, lieber Trozkopf! Nicht wahr, hast deine Louise lieb, und machst sie zur Frau Sekretärinn? Philipp läßt sich halb unwillig von ihr abführen.

FRIEDRICH. Wart, du Wetterhexe! Habs immer gedacht, daß mir der Holländer ins Gehege gienge. – Verflucht! daß ich nicht nachlaufen darf; ich wollt euch auseinander fegen, wie Simson die Philister.

Fünfter Auftritt.

Hofrath. Friedrich.

HOFRATH. noch innerhalb. Friedrich! Friedrich! <95>

FRIEDRICH. Hier, Herr Hofrath, hier!

HOFRATH hat die Serviette noch vor. Lauf, hurtig! sie sollen den Kaffee in den Garten tragen, sonst kömmt mir das Teufelszeug hier über den Hals. Friedrich ab. Verdammt! Am Ende schreiben sie mir vor, ob ich Kaffee mit oder ohne Room* trinken, und wie oft ich in der Woche ein rein Hemde anlegen soll. Nein, das Eis ist einmal gebrochen, und ich will meinen Plan durchsetzen oder das Leben nicht haben.

Sechster Auftritt.

Hofrath. Geheimerath. Kirchenrath. Major: diese beyde illuminirt, doch nicht zum Vollseyn.

69

MAJOR, die Thüre öffnend. Kommen Sie nur, meine Herren, kommen Sie; da ist ja der Herr Gevatter. Ey, ey, Gevatter, können Sie doch, hol mich der Teufel! so hitzig seyn, wie ich, wenn mein Bataillon nicht schnurgerade aufmarschirt, oder beym Abfeuern plakkert.

GEHEIMERATH. Lieber Herr Kollega! man muß in seinem Eifer doch auch nicht zu weit gehen. <96>

KIRCHENRATH. Der Zorn ist eine gefährliche Trunkenheit, eine Trunkenheit der Seele, eine Trunkenheit, die den Geist und den Körper gleich heftig erschüttert, und die ––

MAJOR. Zu Pulver will ich mich mahlen lassen, wenn ich das versteh. Ha, ha, ha. Trunkenheit der Seele! Hab in meinem Leben nicht gehört, daß eine Seele trinken könne. Zum Element! wo hätt' sie denn das Maul und die Kehle? Nein nein, Herr Gelehrter, packen Sie ein, das war garstig verstolpert, mein Seel, garstig verstolpert.

KIRCHENRATH. Sie bleiben bey sinnlichen Begriffen stehn, Herr Major.

MAJOR. Nun, zum Teufel! Es ist doch wohl besser, ich rede sinnlich, als unsinnig?

KIRCHENRATH. Lieber Herr Major, Sie verwechseln da schon wieder ganz verschiedene Begriffe.

MAJOR. Begriffe, Herr? Was nennen Sie Begriffe? – Meynen Sie, Herr, daß ich nichts begreifen kann? Das Wetter! Hab den schweren Dienst begriffen, so gut wie einer in der Armee, und will Ihnen ein Manöuvre vormachen, Herr, so gut wie Prinz Eugen, wenns darauf ankömmt. Oder meynen Sie, Herr, <97> daß man Staabsofficier seyn kann, ohne Hirn im Verstandskasten zu haben?

GEHEIMERATH. Ruhig, Ihr Herren, ruhig! Sie machen andern Vorwürfe über die Hitze, und erhitzen Sich selbst.

MAJOR. Ey zum Wetter! Es ist auch keine Sache, einem den Verstand abzusprechen.

KIRCHENRATH. Daran hab ich ja nicht gedacht, Herr Major. Aber Der Hofrath hat unterdessen in Gedanken gestanden und die Serviette in kleine Stücken zerrissen; Kirchenrath wirds gewahr. Was ist das? Was machen Sie, Herr Hofrath?

HOFRATH. Ich? Verzeihen Sie, meine Herren, ich war in Gedanken.

KIRCHENRATH. Das mögen mir auch erbauliche Gedanken seyn, wobey die Hände solch Spielwerk treiben! Ey, ey!

HOFRATH. Sieh, sieh, das werd ich nun erst gewahr.

MAJOR. Tausend Element! Gevatter, das ist nichts. Ein Stück feines Tischzeug ist ja keine ausgebrannte Patrone, das man so mir nichts, dir nichts, zerreißt. Und was geht Ihnen denn so im Kopfe herum?

HOFRATH. Daß – daß dem Kammerherrn das Essen nicht schmeckte.
<98>

MAJOR. Narrenspossen! Laß den Hans Schmetterling sonst was fressen, wenn ihm gute deutsche Kost nicht behagt. Da wollt ich mir kein Haar drum krümmen.

GEHEIMERATH. Und sich darüber bey der Mahlzeit, gleich nach Tische, so zu ärgern. Ey, ey! Das taugt nicht.

KIRCHENRATH. Nein, das taugt nicht! Aergerniß hindert die Verdauung. Aber, ich meyne, es stecken Ihnen andere Dinge im Kopf. Die Heyraths-vorschläge der Frau von Schmerling, nicht wahr, Herr Hofrath?

MAJOR. Ja, das war auch so ein *àpropos*. Das verdenk ich Ihnen nun nicht, lieber Hofrath, wenn Sie darüber wild wurden.

GEHEIMERATH. Und dann die Prätension, einen jungen Menschen, der seine Studia absolvirt und was Rechts gelernt hat, zum Soldaten zu machen. Dazu ist der junge Reinhard ––

MAJOR. Nun, bey alle Teufeln! doch wohl nicht zu gut?

GEHEIMERATH. Das wollt ich eben nicht sagen.

MAJOR. Donnerwetter und der Teufel! wollts Ihnen auch nicht rathen.
<99>

KIRCHENRATH. Du, mein Himmel! Können Sie denn das häßliche Fluchen nicht lassen?

MAJOR. Nein! Und ich will Ihnen was sagen: Trauen Sie denen Leuten immer mehr, die viel fluchen, als denen, die zu viel beten. Das hat mir mein Feldprediger gesagt, und das ist, hol mich, straf mich! ein gescheiter Kerl.

KIRCHENRATH. Wird auch wohl nicht viel daran seyn. Man kennt die Herren! Bis in die sinkende Nacht am, Pharotisch[38] gesessen, gespielt und gezecht, und dann den Morgen darauf gepredigt: was kann das für eine Vorbereitung seyn! Und solche Menschen haben denn auch solche Maximen, die wahrhaft nicht orthodox sind, und nach der heutigen gereinigten Lehre schmecken, die auch nicht weit her ist; wo sie der Religion ihr ehrwürdiges Kleid ausziehen und eins fein lüftig nach der Mode anlegen.

GEHEIMERATH. Alles was recht ist. Ihr Herren Offiziere fegt immer über die Schwarzröcke her. Man lasse einen jeden in seinen Stand und Würden, und ein Jeder thue, nach Pflicht und Gewissen, was seines Amts ist. – Wieder auf mein voriges Thema zu kommen: <100> ein tüchtiger Kammeralist sollte der junge Reinhard werden; nicht wahr, Herr Kollega?

MAJOR. Der hört und sieht nicht. Schüttelt ihn. He, Gevatter Hofrath!

HOFRATH, ganz zerstreut. Sie habe recht, meine Herren, Tarok[39] wird sie mehr amüsiren, als Trisett. Sie haben recht. Im Garten sind Spieltische gesetzt.

MAJOR. Wer Teufel hat an Tarok gedacht?

Siebenter Auftritt.

Vorige. Wilhelmine.

WILHELMINE. Meine Herren, ist das artig? Sie lassen mich unten ganz allein an Kaffeetisch sitzen ––

GEHEIMERATH. Wir kommen, Mademoiselle, wir kommen.

MAJOR. Nun, Hofrath, kommen Sie. Was soll das? Zu den Grillen gesagt: Linksum kehrt euch, marsch!

HOFRATH. Verzeihen Sie, meine Herren. Ich habe nur noch ein kleines Geschäfte.

---

[38] Pharo, Pharao, frz. Pharaon, ist ein Glücksspiel mit französischen Karten.
[39] Tarock und Trisett sind Kartenspiele.

KIRCHENRATH. Das taugt wieder nicht! Nach Tisch muß man nicht arbeiten. <101>

HOFRATH. Es ist dringend, aber gleich geschehen. –– Ich komme nach.

GEHEIMERATH. Nun, so lassen Sie uns gehen. Ein *Pater familias* hat Geschäfte mancherley Art, wo man nicht gern Fremde zu Zeugen hat.

KIRCHENRATH. Ich denke, daß er Grillen hat, und denke: *Post nubila Phoebus.*[40]

MAJOR heimlich zu Wilhelminen. Mamsell! Ein Wort. Sehen Sie zu, daß Sie Ihren Vater zu uns bringen, er hat gar keine gute Laune.

WILHELMINE. Leider! schon lange nicht.

MAJOR. Nun, Ihr Herren, marsch. Der Mann ist ganz aus Reih und Gliedern; aber haben wir ihn nur erst unter uns, soll er schon wieder einrangieren. Vorwärts! Marsch!

GEHEIMERATH. Sacht an, sacht an, Ihr Herren. *Festina lente.*[41] Mit meinem Podagra geht das Vorwärts, Marsch, nicht gut. Gehen ab. <102>

Achter Auftritt.

Hofrath. Wilhelmine, in einiger Entfernung.

HOFRATH nach einer ziemlichen Pause. Ist das deine Bestimmung, Mensch? Das deine häusliche Glückseligkeit? Das die Freude des Ehemanns, des Vaters? Das der Lohn des nützlichen Bürgers? er setzt sich, steht noch einer Weile wieder auf. Oh, oh, oh! er wird seine Tochter gewahr. Was willst du? Du – Mitverschworne.

WILHELMINE. Mein Vater!

HOFRATH. Fort!

WILHELMINE. Mein Vater! was hab ich Ihnen gethan?

HOFRATH. Gethan? Was du mir gethan hast? – Wer bettelte, wer quälte so lange, wer ließ mir keine Ruh, bis ich das Ottergezücht wieder ins Haus kommen ließ?

WILHELMINE. Ich that es, mein Vater, aber aus der beßten Absicht.

---

[40] = nach den Nebeln kommt Phoebus, d.i. die Sonne.

[41] = Eile langsam! Oder frei übersetzt: Eile mit Weile!

HOFRATH. Freylich, weil dein Taubenherz gleich zerspringen will, wenn man deinen theuren Oheim und deine liebwertheste Tante nur schief ansieht. <103>

WILHELMINE. Die Verträglichkeit unter Anverwandten, dacht' ich ––

HOFRATH. Ist eine schöne, erbauliche Sache; nicht wahr? Aber wie, wenn sie deines Vaters Ruhe kostet? Wenn ihm jeder Augenblick seines Lebens dadurch vergällt und vergiftet wird, wie dann? – Oder ist die Liebe zum Vater dir eine minder heilige Pflicht?

WILHELMINE, zu seinen Füßen. Die heiligste, mein Vater, die heiligste. Strafen Sie mich mit dem entsezlichsten, was ich denken kann, mit dem Verlust Ihrer Liebe, wenn ich sie je verletzen konnte!

HOFRATH. Nu, steh nur auf; steh nur auf.

WILHELMINE, steht auf. Sie verzeihen mir allso?

HOFRATH. Mine, Mine! Ich zeige dir den schwachen, nachgebenden Vater, mißbrauche ihn nicht!

WILHELMINE. Nimmermehr, mein Vater, nimmermehr!

HOFRATH, drückt sie an seinen Busen. Mädchen, wenn du nicht wärst! – Wo ist dein Bruder?

WILHELMINE. Er geht mit dem Obersten und dem Kammerherrn spazieren. <104>

HOFRATH. Und komplotirt wider seinen Vater? der Bube!

WILHELMINE. Denken Sie das nicht, mein Vater.

HOFRATH. Ich weiß, was ich weiß. Der Schurke will den Jenschen[42] Burschenrock mit der Uniform vertauschen, und meynt so das zügellose Leben fortzusetzen. Aber du irrst dich, Bube, irrst dich verteufelt. Mit dir will ich auch wohl fertig werden!

Neunter Auftritt.

Vorige. Die Hofräthinn.

HOFRÄTHINN. Willst du denn nicht zur Gesellschaft kommen, mein Beßter?

---

[42] Die Universität Jena wurde 1548 gegründet.

HOFRATH. Nein, Kind! Entschuldige mich – ich habe Geschäfte.

HOFRÄTHINN. Man wird dirs ungleich auslegen, mein Schatz.

HOFRATH. Meine Freunde nicht, und die andern mögens auslegen, wie sie wollen; das kümmert mich nicht.

HOFRÄTHINN. Du zürnst doch nicht mit mir?

HOFRATH. Nein! wir haben ja Friede gemacht. Zwar bey Tische hättest du weniger <105> Antheil an den Narrheiten deiner liebwerthesten Anverwandten nehmen können. Mir war verteufelt für einem Rückfall bange; es war hohe Zeit, daß du wieder einlenktest!

HOFRÄTHINN. Das hast du nie wieder zu befürchten, mein Beßter. – Aber, mein Kind, warum bist du so hartnäckig gegen die Partei mit dem Kammerherrn?

HOFRATH. Du willst allso Gründe? Gut. Weil er ein stolzer, eingebildeter Geck ist; weil er, {oder ich müßte mich gar nicht auf Menschenkenntniß verstehen} sicher ein schlechtes Herz hat. Und meine Tochter soll weder die Frau eines Narren, noch eines schlechtdenkenden Menschen werden. Oder, plötzlich zu Wilhelminen, willst du ihn? He? Wilhelmine erschrickt heftig.

HOFRATH. Nun, was fährst du zusammen? Willst du ihn?

WILHELMINE. Nein, mein Vater, nein. <106>

Zehnter Auftritt.

Vorige. Friedrich. Hernach der Sattler.

FRIEDRICH. Herr Hofrath, draußen ist ein Sattler, der wünschte Sie auf ein Wort zu sprechen.

HOFRATH. Laß ihn kommen. Friedrich ab. Allso, mein Schatz, kein Wort mehr vom Kammerherrn. Wilhelmine will ihn nicht zum Mann, ich ihn nicht zum Schwiegersohn. Gar keinen Umgang würd ich mit ihm haben, müßt ich nicht des Fürsten wegen, bey dem er sich eingenistelt hat, weil er seinen Schwachheiten das Wort redet. Aber das kann sich geschwind ändern; wie man eine Hand umdreht. Herrengunst ist Aprillwetter. Und dann kann er – nach Amerika gehn, oder, nach dem Beyspiel eines gar berühmten Kammerherrn, siebenmal die Religion verändern, um sich siebenmal vom Hunger zu retten. Zum Sattler, der eben eintritt. Was will Er, Meister?

SATTLER. Nichts für ungut, Herr Hofrath, wollte mich nur bey Ihnen nach was erkundigen. Ihr Gnaden, die gnädige Frau von Schmerling, haben bey mir einen Staatswagen <107> bestellt, nichts für ungut, für Ihr Excellenzen, den Herrn General. Weiß nun zwar nicht, wie das Ding zusammenhängt, nichts für ungut.

HOFRATH. Ich auch nicht. Nur weiter!

SATTLER. Der Wagen ist fertig, habe auch Ihr Excellenz, nichts für ungut, schon drein nach Hofe fahren sehen; und die zwei hundert Louisd'or, nichts für ungut, die davor geakkordirt sind ——

HOFRATH. Zweyhundert Louisd'or? Das muß ja ein herrlicher Wagen seyn?

SATTLER. O es ist eine Freude, ihn anzusehen; nichts für ungut. Wie das hängt, wie das rollt! Nu, die zweyhundert Louisd'or sollt ich heut Morgen bey Ihr Gnaden der gnädigen Frau von Schmerling, nichts für ungut, ausgezahlt kriegen; Ihr Gnaden wiesen mich aber ab, nichts für ungut, bis auf morgen. Nun machen nur die Leute aber Angst, nichts für ungut, und meynen, ich sollte die Schuld nur in den Schornstein schreiben, nichts für ungut.

HOFRATH, zu seiner Frau. Nun, was sagen Sie dazu, mein Schatz?

HOFRÄTHINN, zuckt die Achseln. Nichts! <108>

SATTLER. Weil aber die gnädige Frau, nichts für ungut, und der Herr Hofrath mit einander verwandt sind, und die gnädige Frau, nichts für ungut, heute so ein Wörtchen fliegen ließ, sie dürfte das Geld nur bey dem Herrn Hofrath holen lassen –

HOFRATH. Sagte sie das? Zur Hofräthinn. Immer besser!

SATTLER. Ja, Herr Hofrath, nichts für ungut; und so wollt ich mich denn nur erkundigen, ob Ihr Gnaden schon wegen des Geldes, nichts für ungut, mit dem Herrn Hofrath gesprochen hätten?

HOFRATH. Noch kein Wort, und wird auch wohl keins sprechen.

SATTLER. Und hat sie denn keine Gelder, nichts für ungut, bey Ihnen stehen?

HOFRATH. Keinen rothen Heller.

SATTLER. Ey, du mein Gott! Ich will nicht hoffen, nichts für ungut, daß die gnädige Frau einen ehrlichen Handwerksmann um sein sauer erworbenes Brod bringen will?

HOFRATH. Warum seht ihr Leute euch nicht vor, wem ihr borgt?

SATTLER. Je, du mein Gott! Herr Hofrath, nichts für ungut, es sind ja doch vornehme <109> Leute, vor die unser eins Respekt haben soll, nichts für ungut; und vor der Stirne geschrieben stehts keinem, ob er ein Betrüger ist oder nicht, nichts für ungut. Was soll ich denn nun thun, liebwerthester Herr Hofrath?

HOFRATH. Er muß abwarten bis Morgen.

SATTLER. Aber, du mein Himmel! nichts für ungut, wenn sie nichts bey Ihnen stehen hat, so werd ich morgen so wenig kriegen als heute, nichts für ungut.

HOFRATH. Das kann wohl seyn.

SATTLER. Und der Herr Hofrath, nichts für ungut, wollen auch nicht für sie bezahlen?

HOFRATH. Keinen Kreuzer!

SATTLER. Herr Hofrath, ich thue die Anfrage, nichts für ungut, aus Respekt und Liebe für Sie; aber wenn Sie nicht bezahlen wollen, und zwingen kann ich Sie freylich nicht dazu, so pack ich die gnädige Frau, nichts für ungut, vor Gericht an, und laß sie prostituiren, nichts für ungut.

WILHELMINE, bittend. Mein Vater!

HOFRATH. Schweig! – Meister, bis morgen, dächt ich, könnt Er warten.

SATTLER. Ich will bis Uebermorgen und länger warten, wenn der Herr Hofrath, nichts für ungut, mir Ihr Wort geben wollen. <110>

HOFRATH. Ich leiste keine Bürgschaft.

SATTLER. Nun so geh ich standebene[43] zum Advokaten, nichts für ungut, und laß mir eine Klage aufsetzen, und wenn sie mir noch zehn Lieferungen verschaffte.

HOFRATH. Was für Lieferungen?

SATTLER. Ey, sie hat mir die Lieferungen, nichts für ungut, für die beyden Regimenter Waldeck und Schorlemm versprochen.

HOFRATH. Die hat ja der Altmeister? Die Regimenter sind recht wohl mit ihm zufrieden, das weiß ich; ich habe die Auszahlung; vor ein paar Tagen erst hab ich aufs neue mit ihm kontrahirt.

SATTLER. Nun da seh mir ein Mensch die Fiksfaxereyen an, nichts für ungut. Wollte mir Morgen schon zweyhundert Thaler auf die Hand geben, nichts für ungut; aber die werden wobl bey den zwei hundert Louisd'ors liegen, nichts für ungut. Und ich, dummer Narr, nichts für ungut, lach den dicken Altmeister schon ins Fäustchen aus. Meister Wunderlich! Meister Wunderlich! Da hast du dir eine garstige Nase drehen lassen, nichts für ungut. Hätte nur dürfen an die Hadriene beym Juden Abraham denken. Aber, mein Seel! <111> das ist ein hoher Schwur, nichts für ungut; ich will nicht länger fakkeln: standebene geh ich zum Advokaten, und hab ich mein Geld, so will ich Meister Dummkopf heißen, nichts für ungut, wenn ich ohne Abrahams Kaution einen Schwanzriemen an hohe Herrschaften verborge. Adieus, Herr Hofrath! geht ab.

Eilfter Auftritt.

Hofrath. Hofräthinn. Wilhelmine.

HOFRATH. Was das alles für niederträchtigs Streiche sind!

HOFRÄTHINN. Wohl wahr, mein Beßter. Aber nur dießmal, bitt ich, laß meine Tante von dem Grobian nicht beschimpfen.

HOFRATH. Es geschieht ihr Recht.

WILHELMINE. Mein gütiger, beßter Vater!

---

[43] verballhornt aus: stante pede = stehenden Fusses.

HOFRATH. Du auch? – Hast du meine Warnung so bald vergessen? Kind! Zwei hundert Louisd'or sind kein Stück Blonden, das man so hingiebt.

WILHELMINE. So viel Ueberlegung hab ich, mein Vater; aber die Erhaltung des guten Namens unsrer Anverwandten –– hab ich Ihre Erlaubniß, mein Vater, so will ich sie <112> mit all meinen Kleidern, mit meinem Schmuck erkaufen. Darf ich mein Vater, darf ich?

HOFRATH, gerührt. Mädchen – du hältst nicht Wort! Das ist wider Abrede: Du greifst mich da an, wo ich am sichersten zu fassen bin.

WILHELMINE. Bey Ihrem vortreflichen Herzen! O mein Vater! Nicht wahr: Sie thun es? thun es noch dieß einzigemal?

HOFRATH. Nun gut! Gut! Auch das noch! Aber unter Einer Bedingung. Er setzt sich und schreibt. Die Demüthigung kann ihnen nicht schaden, und ich schaffe mir Ruh.

HOFRÄTHINN. Minchen! fast beneide ich dich.

WILHELMINE. Warum, liebe Mutter?

HOFRÄTHINN. Ich hätte das bei deinem Vater nicht ausgerichtet.

WILHELMINE. O gewiß, gewiß! Er ist ein so liebreicher Ehemann, als er ein gütiger Vater ist.

HOFRATH öfnet einen Schrank, nimmt einen Beutel mit Geld heraus, und wägt ihn in der Hand. Kann ich sie mir damit vom Halse schaffen, so ist mein Geld gut angewandt. Aber fühlen müßen sie es. Ah, da kommen sie. Sie haben eine gute Witterung. Ich glaube, mein Seel! sie riechens Gold auf tausend Schritte. <113>

Zwölfter Auftritt.

Vorige. Fr. v. Schmerling. Oberst.

FRAU VON SCHMERLING. Eine feine Lebensart, bey allem, was lebt! Die Familie im Wohnzimmer beysammen, und die Gäste mögen zusehen, wie sie sich amüsiren. Bravo, Herr Hofrath!

HOFRATH. Nun nichts für ungut, gnädige Frau. Ich hatte einige Geschäfte, die besorgt seyn mußten, nichts für ungut.

FRAU VON SCHMERLING. Eine sonderbare Sprache.

HOFRATH. Hab sie eben gelernt, nichts für ungut. Wie das hängt! wie das rollt! nichts für ungut. Soll gar ein herrlicher Wagen seyn, nichts für ungut, Ihr Excellenz sind auch schon darum nach Hofe gefahren, nichts für ungut.

OBERST. Merken Sie denn nichts? Sicher ist der Sattler da gewesen. Ich dachte wohl, daß da dummes Zeug herauskommen würde.

FRAU VON SCHMERLING. Herr Bruder!

OBERST. Nu, nu!

FRAU VON SCHMERLING. Herr Hofrath, ich bitte deutlicher zu reden. <114>

HOFRATH. Wie Ihr Gnaden befehlen, nichts für ungut. Meister Wunderlich erkundigte sich, nichts für ungut, wie hoch sich die Kapitalien beliefen, die Ihr Gnaden bey mir stehn haben, und freute sich, nichts für ungut, über die verschafften Lieferungen.

FRAU VON SCHMERLING. Der Kerl ist ein Flegel!

HOFRATH. Freylich fehlt's ihm an *savoir vivre*; denn er geht eben hin, nichts für ungut, Sie vor Gericht zu belangen.

OBERST. Nun da haben wirs! Des Teufels werd ich noch über die Streiche!

FRAU VON SCHMERLING. Und Sie ließen den Kerl auch laufen?

HOFRATH. Was sollt ich thun? Ihr Gnaden hatten mir noch nicht befohlen, nichts für ungut, ihn zu bezahlen.

FRAU VON SCHMERLING, wirft sich auf einen Stuhl. *Malheureuse, que je suis!*

WILHELMINE. Gnädige Tante!

FRAU VON SCHMERLING. Fort!

HOFRATH. Stossen Sie Ihre Fürsprecherin nicht von sich; ihr haben Sie meinen letzten Beystand zu danken. Sehn, Ihr Gnaden, hier ist Gold! Sie haben es mir einmal zur Gewohnheit gemacht, für Ihre Narrheiten zu büßen; <115> auch diese will ich wieder gut machen. Herr Oberst, unterschreiben Sie diesen Zettel, und das Geld ist Ihre.

OBERST, nimmt den Zettel, liest, knirscht vor Unmuth mit den Zähnen, und wirft den Zettel weg. Ich unterschreibe nicht!

80

HOFRATH. Das freut mich um Ihrentwillen.

FRAU VON SCHMERLING springt auf, und nimmt^w den Zettel von der Erde auf. Lassen Sie doch sehen. „Gegen Empfang von fünf hundert Louisd'or versprechen Wir Endesunterschriebene, Beyde für Einen, und Einer für Beyde, das Haus des Hofraths Reinhard nie wieder zu betreten."

HOFRATH zeigt Ihr den Beutel. Hier ist Gold – und dort ist Feder und Dinte.

FRAU VON SCHMERLING. Und hier meine Antwort! zerreißt den Zettel. Das ist zu toll! Aber zittern Sie, Herr Hofrath! Zittern Sie vor meiner Rache! Ich bin ein Weib!

HOFRATH. Ich hör es.

FRAU VON SCHMERLING. Ein beleidigtes Weib! – Die grausamste Rache will ich mir nehmen; will Minen gegen Sie springen lassen, deren Sie sich nicht versehen sollen.

HOFRATH. Muß kontraminiren. <116>

FRAU VON SCHMERLING. Und Ihr verfluchtes Haus will ich nicht eher wieder betreten, als um über Sie zu triumphiren. – Was kümmerts ein Weib, wie sie sich rächt, wenn sie sich nur rächt. ab.

Dreyzehnter Auftritt.

Hofrath. Hofräthinn. Wilhelmine. Oberst.

HOFRATH. Ha, ha, ha! So ober so! wenn ich Ihrer nur los bin. – Was weint ihr, Weiber?

HOFRÄTHINN. Du bist ein harter Mann!

HOFRATH. Bin lange genug weich gewesen: habe mich von euch allen herumführen lassen, wie einen Schulknaben mit einer Zuckerdüte.

WILHELMINE. Sie versprachen mir doch!

HOFRATH. Ich versprach dir, ihr Gold zu geben: hab ich's ihr nicht angeboten, und mehr, als ich versprach?

WILHELMINE. Aber die Art, mein Vater, die Art!

HOFRATH. War ihrer Art, ihrem Betragen angemessen. Sie hat bekommen, was ihre Thaten werth waren. <117>

81

OBERST, der bisher im Grunde der Bühne nachdenkend auf- und niedergegangen. Herr Hofrath, ich hätte ein Wort mir Ihnen allein zu sprechen.

HOFRATH. Mesdames, Sie gehen zur Gesellschaft.

WILHELMINE, seine Hand ergreifend. Mein Vater!

HOFRÄTHINN. Ich bitte, ich beschwöre dich um unserer Liebe willen –

HOFRATH. Nun, was ist denn? Was giebts denn?

WILHELMINE. Lassen Sie uns hier bleiben.

HOFRATH. Fort! Keine Schürzen bey einer Erklärung zwischen Männern!

HOFRÄTHINN, im Abgehen. Komm, Minchen – Herr Oberst, er ist mein Mann –– Sie sind mein Oheim.

OBERST. Das weiß ich.

Sie gehen beyde ab.

Vierzehnter Auftritt.

Hofrath. Oberst.

HOFRATH. Nun, was beliebt? Herr Oberst.

OBERST. Ich bin beleidigt. <118>

HOFRATH. Es freut mich, daß Sie es fühlen.

OBERST. Und bin ein Mann! und bin Soldat!

HOFRATH. Zwey Umstände, die Sie lange schon hätten sollen geltend machen.

OBERST. Die Rede ist jetzt vom gegenwärtigen Augenblick.

HOFRATH. Wohl! Was wollen Sie?

OBERST. Ich dächte, es gäbe hier nur einerley zu wollen, und das erriethen Sie.

HOFRATH. Wir müßen uns schlagen: nicht?

OBERST. Ich weiß keinen andern Ausweg.

HOFRATH. Das kann seyn.

OBERST, setzt seinen Hut auf. Erklärung, Herr!

HOFRATH. Ich habe keinen Hut bey der Hand, sonst würd ich Ihre Höflichkeit erwidern. – Erklärung wollen Sie? hier ist sie: Ich bin ein Bürger des Staats, bin Ehemann und bin Vater – ich schlage mich nicht. Das heißt: ich stelle mich nicht hin, um vorsetzlich das Vaterland um einen nützlichen Bürger zu bringen; das Weib zur trostlosen Wittwe, Kinder zu jammernden Waysen zu machen.

OBERST. Ausflüchte! <119>

HOFRATH. In Ihren Augen vielleicht, da Sie die Verhältnisse des Ehemanns und des Vaters nicht kennen; die Pflicht der Erhaltung des Einzelnen zum Wesen des Ganzen aus Vorurtheil nicht kennen wollen! In meinen Augen ist der vorsetzliche Duellant der größte Verbrecher, für den ich keine zu harte Strafe weiß. Der Vorsetzliche, sag ich – aber, nennen Sie mich einen Schurken, wenn ich nicht Ihnen und dem Teufel stehe, wenn Sie Lust haben, mich anzugreifen. ganz kalt. Itzt, Herr Oberst, nehmen Sie Ihren Hut ab; ich kann Unhöflichkeiten in meinen vier Pfählen nicht leiden.

OBERST, nimmt seine Hut ab. Mann! was wollen Sie aus mir machen? – Ich fühle die Stärke Ihrer Gründe, beym Teufel! nur allzuwohl – aber ich kann nicht darnach handeln.

HOFRATH. Vielleicht können Sie, wenn Sie meine zweite Erklärung hören. Mein Zettel hat Sie beleidigt?

OBERST. Mein Seel! das hat er.

HOFRATH. Hätten Sie ihn unterschrieben, so würd ich bedauert haben, daß Sie Uniform angehabt hätten, weil Sie nicht werth wären, sie zu tragen. <120>

OBERST. Herr, wenn ich nach dem Degen greife ––

HOFRATH. So laß ich meine Leute kommen. Ohne Hitze, Herr Oberst, ohne Hitze; und doch freut michs Sie hitzig zu sehen. Kurz! Sie unterschrieben nicht –

OBERST. Ein Schurke hätt' ich seyn müssen.

HOFRATH. Das war meine Meynung vorhin schon. Aber, eben weil Sie es nicht thaten, mir den Bettel vor die Füße warfen, empfand ich, ich sags Ihnen gerade heraus, empfand ich zum erstenmal Achtung für Sie.

OBERST. Zum erstenmal?

HOFRATH. Zum erstenmal! Sie sagten vorhin: Sie wären ein Mann, wären Soldat? Ziemt es dem Mann, und ziemt es dem Soldaten, der Sklav eines Weibes zu seyn? nach einer Pause. Sie antworten mir nicht? fühlen, was ich sagen will! – Und wer ist das Weib? – Es ist nicht Ihre Frau, nicht Ihre Maitresse, von denen wir uns, Gott weiß, warum? manchmal tyrannisiren lassen: es ist nur Ihre Schwester, die eine Närrinn ist; der Sie das Gnadenbrod geben, die Sie dafür zur Dankbarkeit ruinirt, und was noch ärger ist, Sie zum Gelächter der ganzen Stadt macht. <121>

OBERST. Herr! – ich – ich schlage mich mit Ihnen nicht.

HOFRATH. Wie sie wollen.

OBERST. Ich würde den Arzt umbringen, der mich heilen will. Ihre Hand, Herr!

HOFRATH. Hier ist sie: und Ihr Arzt will ich seyn, wenn Sie – ein Mann seyn wollen. Wie Ihre Schwester zur Herrschaft über Sie gekommen, mag ich nicht untersuchen; ich würde vielleicht nur Schwachheiten an Ihrer, und noch mehr Narrheiten an Ihrer Schwester Seite entdecken; aber dieser Tyrannei ein Ende zu machen, davon ist die Rede.

OBERST. Sie soll ein Ende nehmen. Gott verdamm mich! das soll sie.

HOFRATH. Machen Sie damit den Anfang, – vorausgesetzt, daß Sie sich nicht vorher noch mit mir schlagen wollen –

OBERST, fällt ihm um den Hals. Mit Ihnen? Mit meinem Arzt, mit meinem Erretter?

HOFRATH. Punktum allso! Morgen des Tages ziehen Sie mit Sack und Pack in mein Haus, und lassen Ihre gnädige Frau Schwester, in ihrem baufälligen Hause, in Gesellschaft ihrer Ahnen, und der Ratten und Mäuse. Sie mag achtzehn Schüsseln geben, so oft <122> sie sie geborgt bekommen kann, und Sie nehmen mit sechs bezahlten bey mir vorlieb.

OBERST. Freund! wie soll ich Ihnen –

HOFRATH. Unterbrechen Sie mich nicht. Sie können von Ihrer Gage gemächlich leben: aber freylich, wenn sie auf zwey Jahre pränumerirt ist; wenn Sie um Ein Loch zu stopfen, zwei neue machen müssen, so geht's nicht. Ich will, weil ich es will, Ihr Verwalter seyn. Machen Sie mir einen

Aufsatz von Ihren Schulden, ich will sie zahlen, und mich nach und nach schon wieder bezahlt machen, und in fünf Jahre sollen Sie in guten Umständen seyn.

OBERST. Mann! Sie brechen mir das Herz.

HOFRATH. Stille! Hier haben Sie ohne schimpfliche, ohne alle Unterschrift fünf hundert Louisd'ors. Gehen Sie und bezahlen den Sattler und Ihre schreyenden Schulden –

OBERST. Herr – ich – ich kann das Geld nicht annehmen. Ich bin ja so bis über die Ohren Ihr Schuldner.

HOFRATH. Itzt können Sie es, itzt sollen Sie es nehmen.

OBERST, nimmts. Gott! Und den Mann konnt ich so lange verkennen!

HOFRATH. Späte Reue ist besser, als gar keine. Gehen Sie, gehn Sie! <123>

OBERST. Ich kann nicht, Herr! – Ich muß flennen – flennen wie ein Weib.

HOFRATH, führt ihn bis an die Thüre. Schon gut, schon gut! Gehen Sie. Oberst geht ab. Einen Mann vom Untergang, einen Mann aus den Klauen einer Furie gerettet. – Ich bin zufrieden mit mir; bin glücklich in diesem Augenblick. Ich will nicht wieder über mein Schicksal murren. – Wem teilnehmendes Gefühl bey fremden Leiden, wem Mittel verliehen sind, fremden Kummer zu lindern – ist der unglücklich?

Fünfzehnter Auftritt.

Hofrath indem er abgehen will, begegnet ihm der Kammerherr.

KAMMERHERR. Herr Hofrath, eh ich mich beurlaube –

HOFRATH. Gehorsamer Diener. Wollen Sie uns schon verlassen?

KAMMERHERR. Ihro Durchlaucht wollen nach der Tafel spaziren reiten: ich soll ihn begleiten.

HOFRATH. Das ist ein anders. Herrendienst geht vor Vergnügen, wenn Sie anders Vergnügen bey uns finden. <124>

KAMMERHERR. Ich würde vielleicht mehr bey Ihnen finden, wenn es dem Herrn Hofrath gefallen hätte, eine Erklärung, die der Zufall heute bey

Tische der Frau von Schmerling in den Mund legte, für Ernst zu nehmen.

HOFRATH. Es thut mir leid, Herr Kammerherr, daß ich die gnädigen Gesinnungen, die Sie für mein Haus hegen, nicht so, wie Sie wünschen, erwidern kann.

KAMMERHERR. Sie können nicht –– oder wollen nicht?

HOFRATH. Kömmt das hier nicht auf eins?

KAMMERHERR. Lassen Sie uns allso davon abbrechen.

HOFRATH. Mit Vergnügen.

KAMMERHERR. Ihr Durchlaucht haben mir aufgetragen ––

HOFRATH. Ich erwarte Ihre Befehle mit Ehrfurcht. Setzen Sie sich. Beide setzen sich.

KAMMERHERR. Ich wollte weder vor, noch während der Mahlzeit von Geschäften sprechen ––

HOFRATH. Eine Aufmerksamkeit, die ich erkenne, wie ich soll.

KAMMERHERR. Ihro Durchlaucht haben wissen lassen, wie Sie die Sache des <125> Beamten Beil gegen des Pachters Wittwe zu Laxhausen geendigt wünschten –

HOFRATH. Das haben Ihro Durchlaucht. Ich wundre mich aber, nachdem ich Sr. Durchlaucht in meinem unterthänigsten Gutachten die Lage der Sache, die rechtskräftigen Ansprüche der Wittwe Meyer, und mein definitif Urtheil vorgelegt, daß Ihro Durchlaucht mir eine so rechtswidrige Beendigung der Sache anbefehlen.

KAMMERHERR. Wundern mögen Sie sich darüber, Herr Hofrath, aber es ist einmal des Fürsten gnädigster und ausdrücklicher Wille.

HOFRATH. So thut mirs leid, daß ich für dießmal dem gnädigsten Willen Sr. Durchlaucht nicht Folge leisten kann.

KAMMERHERR. Nicht Folge leisten?

HOFRATH. Nein!

KAMMERHERR. Ich erbitte mir Ursachen, und kein trockenes Nein.

HOFRATH. Weil der Fürst hier keinen Willen hat.

KAMMERHERR. Keinen Willen hat?

HOFRATH. Nein! Hier muß sein Gesetz sein Wille seyn. <126>

KAMMERHERR. Und sein Ansehen?

HOFRATH. Durch standhafte Aufrechthaltung seiner Gesetze, erhält er sein Ansehen.

KAMMERHERR. Ich dachte, der Fürst wäre über die Gesetze.

HOFRATH. O ja, er kann das Gesetz ganz und gar aufheben; aber so lange das nicht geschehen ist, laß ich keine Löcher darinnen machen; und eben dadurch erhalt ich des Fürsten Ansehn mehr, als durch Befolgung seines gesetzwidrigen Willens.

KAMMERHERR. Sie vergessen sich.

HOFRATH. Nie, wenn ich von meinem Fürsten und seinen Gesetzen rede.

KAMMERHERR. Und allso bleibt es bey Ihrem Dekret?

HOFRATH. Buchstäblich! Die Wittwe bleibt im ungestörten Besitz ihrer Pacht, worinn sie durch das klare Testament des verstorbenen Guts-herrn gesetzt ist, und ihr Gegner, der Beamte, wird mit seiner unbefug-ten Klage abgewiesen, und, wie billig, zum Ersatz der Kosten angehal-ten; denn er ist ein Bube, der ein armes Weib mit fünf unmündigen Kin-dern an den Bettelstab bringen wollte, um sich zu bereichern. <127>

KAMMERHERR. Soll ich das Ihro Durchlaucht hinterbringen?

HOFRATH. Allerdings! Und setzen Sie hinzu: wenn Ihro Durchlaucht ihr Volk tugendhaft und glücklich machen wollten, müßten sie vor allen Dingen gerecht gegen dasselbe seyn. Abweichung von der Gerechtigkeit öffne dem Laster Thür und Thor.

KAMMERHERR. Ihro Durchlaucht haben verschiedene moralische Schrif-ten in ihrer Handbibliothek; Sie lesen so etwas lieber selbst, als daß sie es hören.

HOFRATH. Und ich wünsche, daß sie es nicht blos beym Lesen bewen-den lassen.

KAMMERHERR. Und der Kammerdiener der Donna Valetti?

HOFRATH. Sollte eigentlich hängen, wenn ich Liebhaber vom Hängen wäre. Aber für den Buben, für das Verbrechen einer gewaltsamen Be-raubung, und beynah verübten Meuchelmords, wäre der Tod eine zu gelinde Strafe. Morgen wird ihm sein Unheil publicirt; Morgen wird er öffentlich ausgepeitscht; Morgen karrt er, an Händen und Füßen geschlossen, durch die Gassen, und führt den Koth weg. Das ist Strafe und ist Beyspiel; ich vereinige gern beydes miteinander. <128>

KAMMERHERR. Wissen Sie, in wessen Diensten der Mensch ist?

HOFRATH. Sie haben die Person ja eben genannt.

KAMMERHERR. Und wissen doch auf welchen Fuß sie mit Ihro Durchlaucht ––

HOFRATH. Reden Sie nicht aus. Leider! weiß ich es. Aber eine Schwachheit des Fürsten wollen Sie mir doch wohl nicht als einen Bewegungsgrund angeben, den Lauf der Gerechtigkeit zu hemmen? Ich schäme mich in Ihre Seele! Doch, was Sie als Höfling thun müßen, darf ich als Richter nicht thun.

KAMMERHERR. Mithin muß der arme Teufel ––

HOFRATH. Karren! Morgen unter dem Fenster der Donna Valetti karren.

Kammerherr, hönisch. Sind Sie immer so strenge, Herr Hofrath? – Sollte hier nicht Privathaß gegen die Herrschaft des Kerls im Spiele seyn?

HOFRATH, steht auf. Ihre Fragen, mein Herr Kammerherr, sind beleidigend. Ich hasse das Weibsbild nicht, – ich verachte sie. Aber auch diese Verachtung hat keinen Einfluß auf meinen Urtheilsspruch gehabt. Und kurz! Wär <129> der Kerl Kammerdiener des ersten Ministers, Kammerdiener von Ihro Durchlaucht höchster Person Selbst, so müßt er dennoch karren. Das Ansehen des Verbrechers mindert die Art des Verbrechens nicht, und ein Gesetz muß kein Spinngewebe seyn, worinn sich die kleine Fliegen hängen, und die großen durchschlüpfen.

KAMMERHERR, lachend. Ich hoffe, der Kerl wird allso eine große Fliege seyn, und für dießmal durchschlüpfen.

HOFRATH. Meynen Sie?

KAMMERHERR. Sicher! Wenn ich Ihnen sage, daß Ihro Durchlaucht ihn durchaus gerettet wissen wollen, daß ich den Auftrag habe, es Ihnen anzudeuten? –– Ihro Durchlaucht haben der Donna Ihr Wort gegeben.

HOFRATH. Ihro Durchlaucht sind an ein Wort nicht gebunden, das sie nicht geben konnten.

KAMMERHERR. Wissen Sie, daß diese Widersetzlichkeit Sie um Ihren Dienst bringen kann?

HOFRATH. Es soll mir eine Ehre seyn, ihn um der Gerechtigkeit willen zu verlieren.

KAMMERHERR. In beyden Sachen allso bleiben Sie bey Ihrem Urtheil? <130>

HOFRATH. In beyden Sachen. Der Beamte zahlt und der Kammerdiener karrt.

KAMMERHERR. Ich werde das Sr. Durchtaucht haarklein hinterbringen. Ich empfehle mich, gestrenger Herr Hofrath. ab.

HOFRATHˣ. Gleichfalls; geschmeidiger Herr Kammerherr!

Sechzehnter Auftritt.

Hofrath, allein.

Das Wetter! Was so ein Hofschranz für Begriffe von der Justiz haben muß; Und das ist nun der tägliche Gesellschafter von Ihro Durchlaucht; besitzt sein ganzes Vertrauen; ist seine sogenannte rechte Hand. Weh dem Lande! dessen Fürst sein Herz den Händen eines Narren anvertraut, und nicht mit eigenen, und den Augen eines weisen Ministers sieht! –– Und die saubere Donna Valetti. – Ich weiß nicht, wo ich Kaltblütigkeit genug hergenommen habe, von der H u r e so gelassen zu reden. Herrlich! herrlich steht es um das Wohl des Volks, wenn Maitressen sich in Staatsverfassung und Gesetzgebung mischen. Die Erfahrung hat man! – Nein, Ihro Durchlaucht, <131> mein Amt und meinen Kopf nehmen Sie hin! aber mein Gewissen und meine Pflicht will ich unverletzt erhalten.

Siebenzehnter Auftritt.

Hofrath. Fritz. Hernach Friedrich.

FRITZ. Vater, ich will mit der Schwester vors Thor fahren.

HOFRATH. Vors Thor fahren, itzt?

89

FRITZ. Ja, ich will die neue Pferde probiren.

HOFRATH. Und dir und deiner Schwester den Hals brechen? Die Pferde sind noch zu wild.

FRITZ. Kann fahren, will sie schon kurz halten.

HOFRATH. Sie sind rasch, mein Sohn; bäumen sich, feuern hinten aus.

FRITZ. Thut nichts.

HOFRATH. Du denkst allso wirklich zu zwingen?

FRITZ. Das denk' ich. Man muß sie's nur fühlen lassen, daß man Herr über sie ist, und dann einmal streicheln wenn sie lenksam sind.

HOFRATH. Und dann geht's? <132>

FRITZ. Muß gehen.

HOFRATH. Höre, Fritz! du giebst mir da eine trefliche Lehre. Ich finden viel ähnliches zwischen deiner Pferdezucht und meiner Kinderzucht mit dir. Ich habe dich bisher immer gestreichelt; ich will dich einmal kurz halten. Du sollst nicht fahren.

FRITZ. Warum nicht?

HOFRATH. Weil ich es nicht will.

FRITZ. Ja, so machen sies alle! Ihre Befehle geben sie uns statt Gründe, und blinder Gehorsam ist unser freyer Wille.

HOFRATH. Bube!

FRITZ. Ich bin kein Kind mehr!

HOFRATH. Wollte Gott! du wärst es noch, so dürft' ich hoffen.

FRITZ. Daß ich zu Allem ja sagte, und die Ruthe küßte, die mich schlüge? Wenns auf Sie ankäme, müßt ich es noch thun.

HOFRATH. Bube! – Ich bin dein Vater.

FRITZ. Das hör ich an der Sprache.

HOFRATH. Gott! Gott! wie wird mir die Freude verbittert, die ich empfand, als mir ein Sohn geboren wurde. Fritz! Fritz! Ist das mein Dank für die schlaflosen Nachte, die deine Kühnheit mir machte; das der Dank, <133> daß ich deinen Verstand und deinen Körper ausgebildet; das der Dank für die Tausende, die du auf Universitäten durchbrachtest?

FRITZ. O, da nahmen Sie mir mit einer Hand, was Sie mir mit der andern gaben. Ich lebte von meinem Mütterlichen [Erbe]; ich seh nicht, was ich Ihnen da für Dank schuldig bin.

HOFRATH. Junge! soll ich deiner Mutter, die dich verzog, noch in der Erde fluchen?

FRITZ. Thun Sie das nicht! sie möchte antworten: warum verkümmerst Du durch eine zweite Heyrath meinen Kindern ihr Erbtheil?

HOFRATH. Geh mir aus den Augen, Bastart!

FRITZ. Meine Mutter war ein ehrliches Weib.

HOFRATH. Und ich konnte so eine Brut mit ihr erzeugen! Mir aus den Augen!

FRITZ. Geben Sie mir mein Mütterliches, so will ich gehn.

HOFRATH. Und wohin willst du? Was willst du?

FRITZ. Nach Amerika will ich.

HOFRATH. Wo der Auswurf der Europäer hingehört.

FRITZ. Es gehen ehrliche, brave Kerls dahin. <134>

HOFRATH. Die ihr Beruf dahin bringt. Welchen hast du?

FRITZ. Den, daß ich hier nicht versauern will. Ich habe Mark in Knochen, Schwingkraft in Nerven, und Hirn im Kopf – ich wills hier nicht allgemach aufzehren lassen. Mir einemmal aus, oder ein gemachter Kerl.

HOFRATH. Hast du Mark, hast du Schwingkraft, hast du Hirn, wend es für dein Vaterland an.

FRITZ. So lassen Sie mich hier Offizier werden.

HOFRATH. Nein; durchaus nicht!

FRITZ. Warum nicht? Was haben Sie gegen den Stand?

HOFRATH. Gegen den Stand, nichts; aber gegen deine Absicht alles. Du willst die Uniform anziehn, um's hier wieder so anzufangen, wie du's auf Universitäten gelassen hast. Ich kenne deine Ausschweifungen.

FRITZ. O was wäre in Ihren Augen nicht Ausschweifung! Lächerlich! Nun das Alter Sie abgekühlt, Ihr Blut in Eis verwandelt hat, können Sie gut und herrlich philosophiren. Wenn die Väter doch nur nicht unsere Leidenschaften, unsere Vergnügungen nach den <135> ihrigen

91

beurtheilen wollten. Es kömmt mir just so vor, als wenn ein Blinder eine Abhandlung über die Farben-Mischung halten wollte; Kurz allso, nach Amerika, oder hier Soldat.

HOFRATH. Kurz allso: morgen wirst du bey der Regierung eingeführt.

FRITZ. Mein Seel nicht! Um mir da von jedem Geheimensekretär, von jedem Rath übers Maul fahren zu lassen, und abzuschreiben, was ein andrer in einem barbarischen Kanzleystyl hingekleckst hat? Mir die Schwindsucht am Hals zu ärgern, wenn ich offenbar seh, die Kerls haben dummes Zeug geschmiert, und doch nicht muksen darf? – Ueberlegen Sie, was ich Ihnen gesagt habe; und wollen Sie nicht, wie ich will, so lauf ich davon, wie ich geh und steh. Mit meinem Kopf, mit meiner Kraft, komm ich durch die ganze Welt. – Itzt will ich ausfahren.

HOFRATH. Du sollst nicht, sollst bey der Gesellschaft bleiben.

FRITZ. Da unten bey den Kerls? Ich kann mit ihnen nicht sympathisiren. Sie sind so träge wie die Esel, im Denken und im Saufen. Ich muß des lieben Gottes freye Luft <136> einsaugen; die Knochen zusammen-schütteln, und's Blut durcheinander peitschen. Adieu, Vater!

HOFRATH. Wo willst du hin?

FRITZ. Ausfahren will ich.

HOFRATH. Ohne meine Erlaubniß? er klingelt. Das will ich doch sehen.

FRIEDRICH kömmt.

FRITZ. Das sollen Sie sehen.

HOFRATH. Friedrich, sagt dem Kutscher: er soll ohne meinen Befehl für niemand anspannen; und dem Amtsboten: er soll mir den Fritz nicht vor die Hausthüre lassen; und will der Bube Gewalt brauchen, so nehmt den Kutscher und den Hausknecht, und werft ihn in ein Zimmer, und schließt ihm die Thüre vor der Nase zu.

FRIEDRICH. Sehr wohl. Geht ab.

HOFRATH. Nun spann deinen Kopf, und deine Kraft an, und geh – wo du hin willst.

FRITZ. Vortreflich! mich den Bedienten preis zu geben!

HOFRATH. Du hast es darnach gemacht.

FRITZ. Das wollen Väter seyn? Tyrannen sind sie! – Geht ab.

HOFRATH allein. War das mein Sohn? Gott! Gott! Straf' mich nicht so hoch für die <137> Nachsicht, die ich seiner Mutter wegen mit ihm hatte; daß ich ihm, daß ich seiner Mutter im Grabe, daß ich mir für diese Nachsicht fluchen muß! – Aber noch ist das Holz grün –– ich will es biegen, und wills nicht, nun, wie Gott will! so mags brechen, und mein Herz für Kummer dazu. Geht ab.

Ende^y des dritten Aufzugs.

Vierter Akt.

Wilhelmine. Der Lieutenant.

WILHELMINE. So wollen Sie durchaus fort?

LIEUTENANT. Muß ich nicht? Muß ich nicht?

WILHELMINE. Ein paar Tage könnten Sie doch noch zugeben. Wie leicht ändert sich etwas!

LIEUTENANT. Nein, meine Theuerste, für mich wird sich nichts ändern. Ich werde der unglückliche Karl bleiben, gegen den das Schicksal seine bitterste Laune ausläßt. <138>

WILHELMINE. Murren Sie nicht, Karl. Mit einem Herzen wie das Ihrige ist, kann man nicht ganz unglücklich seyn.

LIEUTENANT. Ha! eben dieß Herz, dieß zu empfindliche Herz, macht mein Unglück! Nehmen Sie dieß weiche, jedem Gefühl offene Herz, übersehen Sie meinen kurz Lebenslauf, wo fast jeder Tag mit einem neuen Unfall bezeichnet ist – und bedauern Sie mich.

WILHELMINE. Lieber Karl, so oft wir mit dem Schicksal abrechnen, bringen wir gern die wirklichen und eingebildeten Unfälle in Anschlag, und vergessen der Freuden.

LIEUTENANT. Ach, die wurden mir zu sparsam zugemessen, um sie in Gegenrechnung zu bringen. Selbst der heutige, erste glückliche Augenblick meines Lebens, da ich meine Glückseligkeit in Ihren Augen las – wird er nicht der Grund eines endelosen Jammers für mich?

WILHELMINE. Lassen Sie uns hoffen, Karl.

LIEUTENANT. Für mich ist jede Hofnuug verloren.

WILHELMINE. Kleinmüthiger Mann!

LIEUTENANT. Ha! wer Ihren Verlust ertragen lernen will, ist warlich nicht kleinmüthig! <139>

WILHELMINE. Und ist denn dieser Verlust schon so ganz ausgemacht?

LIEUTENANT. Ausgemacht! Unvermeidlich!

WILHELMINE. Wenn das wäre, Karl, würde Ihre Wilhelmine so ruhig seyn?

LIEUTENANT. Es ist eine Schwachheit, liebste Wilhelmine, aber eine beneidenswürdige Schwachheit Ihres Geschlechts, bey allen Widerwärtigkeiten immer noch zu hoffen.

WILHELMINE. Nun, so lassen Sie sich einmal bis zu uns herab.

LIEUTENANT. Gern, gern! wenn ich die geringste Wahrscheinlichkeit sähe. Aber der Hofrath kennt meine Umstände, weiß, daß ich nichts habe, als meinen guten Namen, und die Klinge, mir der ich in jedem andern Dienste eher und schneller steigen könnte, als bey den fehdelosen Holländern, die politisch genug sind, ihre Kriege mit Dukaten auszumachen.

WILHELMINE. O, ich liebe sie darum, die guten Holländer! Und ist eine Unze im Kriege vergossenen Menschenbluts nicht mehr werth, als zehn Unzen Goldes?

LIEUTENANT. In Ihrem Munde klinge das vortreflich, macht Ihrem menschenfreundlichen Herzen Ehre: mir verbietet mein Degen so <140> zu denken. Kurz! ist der Mann mit dieser armseligen Aussicht, ein Mann für Wilhelminen? Deren Reize, deren Verdienste, und – verzeihen Sie, daß ich es mit in Anschlag bringe – deren Vermögensumstände ihr ein Recht an² das glänzendste Glück geben?

WILHELMINE. Das glänzendste Glück, ist selten in wahres Glück.

LIEUTENANT. Das war eine richtige Bemerkung, aber keine Widerlegung.

WILHELMINE. Doch, lieber Karl! Mein Vater wird sicher das wahre Glück seiner Tochter dem glänzenden vorziehen.

LIEUTENANT. Auch das zugegeben! Zugegeben sogar, daß Ihr Vater Ihr wahres Glück mit mir – sich vor die Stirne schlagend. Was wollt ich sagen? –– Träumer, der ich bin! Schon wieder drängt sich die Hofnung der Ueberlegung vor.

WILHELMINE. Fast sollt ich glauben, lieber Karl, Sie fänden Vergnügen darinnen sich zu quälen. Wenn Sie auch nur träumten, lieber Karl, wars nicht Grausamkeit sich in einem angenehmen Traum zu stören?

LIEUTENANT. Besser, ich störte mich itzt, eh der Traum mich zu weit führte, und mir das <141> Erwachen noch unangenehmer machte. – Und nun wünscht ich, Ihr Herr Vater käme; ich hätte Abschied genommen, und wäre in Gesellschaft meines Grams, zum Thore hinaus.

WILHELMINE. Und an meinen Gram denken Sie nicht?

LIEUTENANT. Ach, Wilhelmine! welche Waffen ergreifen Sie wider mich!

WILHELMINE. Die Waffen der Liebe, Undankbarer!

LIEUTENANT. Das bin ich nicht, Wilhelmine, das bin ich nicht. Nein, Theuerste, ich erkenne Deine himmlische, Deine herablassende Güte.

WILHELMINE. Und willst fort?

LIEUTENANT. Nicht diesen Ton, Wilhelmine, nicht diese Thränen! oder ich vergehe zu deinen Füßen.

WILHELMINE. Du willst fort?

LIEUTENANT. Ha! das war grausam; das bricht mirs Herz, bringt mich um meinen Verstand; raubt mir mein bischen Standhaftigkeit.

WILHELMINE, etwas empfindlich. Wenn Standhaftigkeit hier Tugend ist, will ich Sie nicht darum bringen. Reisen Sie! – Leben Sie wohl! Will fort. <142>

LIEUTENANT, sie zurückhaltend. Wohin, Unmenschliche, wohin? – Gott! was soll aus mir werden? Aber es sey! – Doch, eh ich Dich, Zauberinn, von deinem Vater erbettle, nur noch eine einzig Vorstellung, die letzte, deren ich fähig bin; und dann sprich mein Urtheil. Du bist kein Mädchen gemeines Schlages; dir darf ichs sagen, daß ich mehr in deine schöne Seele, als in dein Gesicht verliebt bin; Dein Gold veracht ich! – Mit dieser Denkungsart, willst Du, daß ich vor deinem Vater kriechen, dich erbetteln soll? Sprich ein Wort, und ich thu's. Dich besitz ich um keinen Preis zu theuer. Aber bey meiner Ehre! mit dem stärksten Ausdruck, bey meiner Ehre! die Schande einer abschlägigen Antwort überleb ich nicht. Nun komm!

WILHELMINE, an seinem Busen. O Karl, Karl! was für ein Mann bist Du! – Auch Dich besitz ich um keinen Preiß zu theuer. – Ich – will Dich von meinem Vater erbetteln. – Komm! Indem sie abgehen, begegnet ihnen der Hofrath. <143>

Hofrath. Vorige.

HOFRATH. Nun, wo wollt ihr hin? Da bin ich schon. Ists wahr, Vetter, daß Sie fort wollen?

LIEUTENANT. Ich wollte ––

HOFRATH. Ich wollte! – Und das mit einem so herzbrechenden Tone? Er sieht beiden steif ins Gesicht. Was ist das? Ich glaube, Ihr habt im Duett geweint? Narren! es ist ja nicht auf ewig! – Aufs Jahr können Sie wieder Urlaub nehmen, und ein paar Monate bey uns zubringen. – Mit eurem Dienste hats so nicht viel auf sich; ihr seyd gar friedfertige Leute, ihr holländischen Kriegsmänner; zieht den Degen eben so wenig, als der geharnischte Mann auf euren Dukaten. – Nun, lieber Vetter, wenn Sie sich durchaus nicht halten lassen wollen, so reisen Sie glücklich, und vergessen Sie uns nicht. – Aber was steht ihr denn beyde da, wie ein paar gemalte Heilige? Habt ihr die Sprache verloren?

WILHELMINE zu seinen Füßen. Mein Vater!

HOFRATH. Nun, was giebts nun wieder? Ich merke so was; er hat kein Reisegeld? <144> Wie viel braucht er? darf ja nur das Maul aufsperren. Dem geb ich gern.

WILHELMINE. Sie haben mich immer Ihrer Liebe versichert –

HOFRATH. Und bewiesen, hoff ich.

WILHELMINE. O ja, mein Vater, ja!

HOFRATH. Nun? Und ich soll dir einen neuen Beweis gehen, nicht wahr? –– So steh auf, und rede! Ich kann das verteufelte Knieen nicht ausstehen.

WILLHELMINE. Wir lieben uns.

HOFRATH. Nun, das ist gut, das ist gut!

LIEUTENEANT, sich ihm schnell zu Füßen werfend. Sie wollen allso?

HOFRATH. Nun ja doch, ja! Wie viel brauchen Sie?

LIEUTENANT. Machen Sie mich unaussprechlich glücklich.

HOFRATH. Leute, ich versteh euch nicht. Redet deutsch heraus, ins Teufels Namen!

WILHELMINE. Karl liebt mich – ich liebe Karln. Unsre beiderseitige Glückseligkeit hängt von Ihrer gütigen Einwilligung ab.

HOFRATH. So, so! Allso war die Rede von der Liebe, wo der Schwarzrock den Segen drüber sprechen muß? Das hätt ich an der <145> Sprache hören sollen. Steht auf! daraus wird nichts. Steht auf, sag ich. Sie stehen auf. Du bist mir ein feines Turteltäubchen! Du willst dich frühzeitig paaren! Und Sie, Herr Lieutenant, wo denken Sie hin? Worauf wollen Sie eine Frau nehmen? Auf Ihr *Portépée*[44]? Und haben Sie nicht mehr Ehre im Leibe, blos von dem Vermögen Ihrer Frau leben zu wollen? Schämen Sie sich!

LIEUTENANT. Leb wohl, Wilhelmine! Eilt fort.

WILHELMINE. Karl! – Karl! – Um Gottes willen! Mein Vater, rufen Sie ihn zurück – er hält sein Wort – er bringt sich um.

HOFRATH läuft ihm nach. Wird ja nicht des Teufels seyn!

WILHELMINE. O Gott! Wenn er schon fort wäre! – Ich bin des Todes! – Wie mir das Herz schlägt! O Karl! Karl!

Der Hofrath kömmt allein zurück; sie sieht es, schreyt laut auf, und fällt in einen Stuhl.

HOFRATH, springt hinzu. He, Wilhelmine! Verfluchte Streiche! – He, Wilhelmine!

WILHELMINE zu sich kommend. Um Gottes willen! Ist er todt? <146>

HOFRATH. Warum nicht gar! Narr! Hast du mich nicht erschreckt!

WILHELMINE. Wo ist er, mein Vater? wo ist er?

HOFRATH. Nun, er wird wohl kommen.

WILHELMINE. Gewiß? – O Sie täuschen mich! Und ich bin verloren!

HOFRATH. Ich habe den Friedrich nachgeschickt; der wird ihn ja wohl wieder einfangen. Meynst, ich wäre noch so flüchtig auf den Beinen, wie der? Er stürzte ja die Treppe hinunter –

WILHELMINE. Und ins Wasser?

HOFRATH. Ich dachte gar. Es ist ja ein Offizier, der muß sich todt schießen, wenn er ja ein Narr seyn will.

---

[44] Das Portepee (französisch porte-épée ‚Degentrage‘, ‚Degengehenk‘) entwickelte sich zu einem Standesabzeichen für Offiziere und Feldwebel; hier sovielwie Offiziersgehalt.

WILHELMINE. O Gott! Sie können dabey scherzen, und ich vergehe für Angst.

HOFRATH. Lachen muß ich, Narr! Itzt überleg ichs erst. Die Tochter schickt den Vater, um ihrem Kerl nachzulaufen – und ich lauf auch.

LIEUTNANT kömmt.

WILHELMINE fliegt in seine Arme. Da ist er. O Karl!

HOFRATH. Immer besser! Vor meinen Augen? Wollt ihr aus einander? Der Lieutenant macht sich von Wilhelminen los. <147>

LIEUTENANT kalt. Was befehlen Sie, Herr Hofrath?

HOFRATH. Warum liefen Sie fort?

LIEUTENANT. Weil ich Erniedrigungen keinerley Art und von Niemanden ertragen kann. Lassen Sie Ihre Tochter reden.

WILHELMINE. Das will ich. O mein Vater! Wenn Sie sein vortrefliches Herz, seine große Denkungsart kännten! Er schlug mich aus, aus der einzigen Ursache aus, weil er zu edel dachte, einer Frau sein Glück zu danken.

HOFRATH. That er das? Wirft sie dem Lieutenant in die Arme. Da, nimm sie hin.

WILHELMINE. O Karl!

LIEUTENANT. Wilhelmine! Du – mein?

WILHELMINE. Dein, Karl, dein auf ewig!

HOFRATH, sieht Ihrem Entzücken eine Weile zu, und wischt sich eine Thräne aus dem Auge. Bin doch nicht ganz unglücklich! Habe wieder ein Paar Leute glücklich gemacht.

BEYDE, an seine Halse. O Mein Vater!

HOFRATH. Nu, nu, schon gut. Daß ihr jetzt mehr fühlt als schwatzt, ist schon recht; aber ich bin kälter. Hört mich an: Der Himmel segne euch! beyde knieen nieder. Macht eure Ehe glücklicher, als – meine erste war; <148> glücklicher, als meine zweite ist! Steht auf! er umarmt sie beyde. Junge, es war immer mein Plan, so die dummen Streiche gut zu machen, die Dir das Glück gespielt. Ich habe dich lange beobachtet; ich glaubte, in dir den Mann zu finden, der meine Wilhelmine glücklich machen könnte ––

LIEUTENANT. Das werd ich, mein Vater, das werd ich.

HOFRATH. Das betheuern wir alle vor der Hochzeit. Ich baue auf Deine Betheurungen nicht, sondern auf Dein Herz. Ihr seyd meinem Plan zuvorgekommen, und recht gut, daß die einander von selbst fanden, die ich füreinander bestimmt hatte; um so ruhiger kann ich seyn. Vetter! – und nun mein Sohn, der mir den Verlust meines eignen ersetzen soll! Er weint, trocknet sich die Augen und faßt sich wieder. Mein Sohn! Ich vertraue dir in dem Mädchen den größten Theil meiner Glückseligkeit, meinen Augapfel an. Liebst du sie, wenn die erste Schwärmerey der Liebe verraucht ist, wenn die Flitterwochen vorüber sind, nicht so zärtlich, –– machst du sie nicht so glücklich, als ich wünsche und hoffe, so bringst du mich ins Grab. <149>

LIEUTENANT. O mein theuerster Vater!

HOFRATH. Stille! Jetzt spricht die Leidenschaft aus Dir! Bleibt hier beysammen, meine Kinder! Verliebte haben sich immer Viel und Nichts zu sagen. Ich will euer beyderseitiges Entzücken nicht stören. Gott segne euch!

Er geht, in der Thüre stößt er auf Friederich.

Dritter Auftritt.

Vorige. Friedrich.

FRIEDRICH. Herr Hofrath –

HOFRATH. Was giebts?

FRIEDRICH. Hier ist ein Louisd'or.

HOFRATH. Was soll das?

FRIEDRICH. Das sollte ein Trinkgeld für mich seyn, wenn ich dieß Billet von Ihrem Herrn Sohn an den Kammerherrn bestellen wollte.

HOFRATH. Von meinem Sohn an den Kammerherrn?

FRIEDRICH. Ja; Ich meynte aber, daß es in Ihren Händen besser aufgehoben wäre, als in den Händen des Kammerherrn. Viel gutes mag nicht drinnen stehen; er flucht und tobt in seinem Arrest – <150>

WILHELMINE. Gott! mein Bruder im Arrest!

HOFRATH. Gieb her! Er nimmt das Billet.

FRIEDRICH. Nur Stubenarrest, Mademoiselle.

HOFRATH. Den Louisd'or behalte, und hier hast du einen von mir für deine Aufmerksamkeit.

FRIEDRICH. Bedank mich, Herr Hofrath.

HOFRATH. Allso flucht er?

FRIEDRICH. Entsetzlich! Er wollte durchaus fort. Der Amtsbote hatte aber die Thüre abgeriegelt, und wie er Gewalt brauchen wollte, pfiff er dem Kutscher; der kriegte eins übern Kopf, daß ihm Zähne, und Schnurrbart wackelten; er nahm's hin, packt ihn aber auch gleich mitten um den Leib, und schleppt ihn fort, wie einen Sack mit Hafer.

HOFRATH. Geh vor die Thür, vielleicht brauch ich dich. Friedrich geht ab; der Hofrath erbricht das Billet. Was hat der Bube mit dem Kammerherrn vor? – Gewiß wieder neue Teufeleyen!

WILHELMINE. Mein beßter Vater, es ist Ihr Sohn.

LIEUTENANT. Und itzt mein Bruder; auch ich bitte für ihn.

HOFRATH. Nichts! Er hat den gütigen Vater verkannt; itzt soll er den strengen Vater kennen lernen. <151>

LIEUTENANT. Vielleicht, daß vernünftige Vorstellungen ––

HOFRATH. Bey dem? – Und wenn ichs nicht versucht hätte! Bis zu Bitten habe ich mich herabgelassen. Nun ists aus! Strenge ist itzt^{aa} Wohlthat für ihn, und wer für ihn bittet, ist sein Feind. Allso, kein Wort mehr, Kinder, kein Wort mehr! – Wollen doch sehen, was er mit dem Kammerherrn vor hat. Er öffnet das Billet und liest: „Ich kann Ihnen nicht Wort halten, und meine Schwester nach Laxhausen liefern ––"

WILHELMINE. Liefern? Mich?

LIEUTENANT. Dem Kammerherrn in die Hände?

HOFRATH. „Mein Vater schlugs mir ab, sie spazieren zu führen: Er hat mich gar einsperren lassen. Suchen Sie mich nur frey zu machen; wir wollen schon auf andre Mittel denken."

WILHELMINE. Gott! ists möglich?

LIEUTENANT. Ihr eigner Bruder!

101

HOFRATH. Nun, bittet doch für ihn! Macht ihm vernünftige Vorstellungen! Gott, Gott! was muß ich erleben!

LIEUTENANT. Aber, was kann er vorhaben? <152>

HOFRATH. Vorhaben, der nichtswürdige Schurke? Seine Schwester an den Kammerherrn verkuppeln, das will er. Das Ding sieht einer Entführung so ähnlich, wie ein Ey dem andern. Oder gar – mich schaudert vor dem Gedanken! an den Fürsten verkuppeln.

WILHELMINE. Nein, mein Vater, so niederträchtig kann er nicht seyn.

HOFRATH. Der Schurke ist zu allem fähig. Aber das muß heraus. Er klingelt; Friedrich kömmt. Friedrich, schickt den Augenblick auf die Post, es soll gleich eine Postchaise mit vier Pferden vors Jakobsthor[45] fahren, und da halten, bis Jemand von mir kömmt und sich einsetzt. Hurtig! Friedrich geht ab.

LIEUTENANT. Was wollen Sie machen?

HOFRATH. Sie haben ja Ihren Kerl bey sich?

LIEUTENANT. Ja.

HOFRATH. Nehmen Sie meinen Kaspar mit dazu; es ist nur auf alle Fälle; fahren Sie mit Wilhelminen gerade nach Laxhausen ins Wirthshaus; geben Sie auf den Kammerherrn Acht; ob etwa gewisse Anstalten gemacht sind! Kömmt der Fürst mit, so weiß ich, wo ich zu Hause bin.

LIEUTENANT. Aber bedenken Sie auch! <153>

HOFRATH. Alles! Du bedenkst dich doch wohl nicht, mit deiner Donna auszufahren? Bist du ein Liebhaber? Und bist noch nicht zum Hause, noch nicht zum Thore hinaus?

WILHELMINE. Ich zittere, mein Vater, wenn sie Gewalt brauchen.

LIEUTENANT, auf seinen Degen schlagend. Die fürcht ich nicht.

HOFRATH. Ich auch nicht; das läßt der Fürst nicht zu. So gern die Großen auch manchmal Böses thun, so gern vermeiden sie doch wenigstens den Schein. Geht, Kinder, geht! – In weniger als einer Stunde bin ich auch da, wenn nichts Wichtigere vorfällt.

WILHELMINE. Sie befehlen es, mein Vater.

---

[45] Ein Jakobstor gab es u.a. in Aachen, Naumburg, Nürnberg, Regensburg und Weimar.

LIEUTENANT. Komm, Theuerste, komm! Eine Liebe, wie die meinige, trotzt jeder Gefahr. Beyde ab.

Vierter Auftritt.

Hofrath. Hernach Friedrich.

HOFRATH allein. Ist es, was ich vermuthe – ist es eine von den Minen, die meine gnädige Tante springen lassen wollte; verschießt der Kammerherr blos die Bolzen, die <154> jene dreht – so will ich kontraminiren, daß ihr alle Beyde in die Luft springen sollt.

Friedrich kömmt. Der Beamte von Laxhausen.

HOFRATH. Laß ihn kommen. Friedrich ab. Auch so ein sauberer Klient von dem Kammerherrn. Er wird sich verteufelt wundern, daß sein mächtiger Fürsprecher nichts ausgerichtet.

Fünfter Auftritt.

Hofrath. Beamter. Hernach Friedrich.

HOFRATH. Was bringt Er?

BEAMTER. Gestrenger Herr Hofrath, der Herr Kammerherr hat mir gesagt, daß Sie in meiner Sache schon gesprochen haben.

HOFRATH. Daran hat der Kammerherr sehr Unrecht gethan. Was ich ihm sagte, sagt' ich ihm als Abgeschickter des Fürsten, nicht um das Urtheil vor der Publikation auszuplaudern: Er würd es Morgen schon erfahren haben.

BEAMTER. Nun, gestrenger Herr Hofrath, werden Sie darüber nicht ungehalten. Wofür hat man Freunde in der Welt? Und bey <155> den gestrengen Herren Richtern hat man sie am nöthigsten.

HOFRATH. Seine Freunde werden Ihm dießmal nicht helfen. Ich begreife überhaupt gar nicht, Herr, wie er sich nur einmal hat in den Sinn können kommen lassen, den Prozeß anzufangen? Den klaren deutlichen Inhalt eines Testaments anzugreifen?

BEAMTER. Nun, gestrenger Herr Hofrath, jeder ist sich selber der nächste, und so gar Unrecht hab ich denn doch auch nicht; und wenn

Sie nur die Gnade haben wollen, dieß Dokument anzusehen und zu überlegen — Er reicht ihm ein Paquet Schriften.

HOFRATH. Das kann Er bey der Appellation beybringen, wenn er Lust hat seine Unkostenrechnung zu vergrößern.

BEAMTER. Vielleicht ist gar keine Appellation nöthig, wenn sie dieß Dokument annehmen wollen; es ist wichtig, und kann meiner Sache ein ganz anders Ansehen geben. Ein Richter, gestrenger Herr Hofrath, muß ja doch alles erwägen.

HOFRATH nimmt es. Ich bin doch neugierig, was sein Advokat {ich weiß wohl, daß er einer der sinnreichsten Chikaneurs ist} wieder <156> für Scheingründe wird ausgeheckt haben. Er eröffnet es; es fällt eine Rolle mit Geld heraus. So, so! Ich versteh; das ist freylich ein wichtiges Dokument. Er klingelt. Friedrich kömmt. Friedrich; ich laß den Herrn Geheimderath auf einen Augenblick zu mir bitten; er kann seine Karte einem andern geben; und hört. Er sagt ihm etwas ins Ohr. Friedrich geht ab.

BEAMTER. Nu, ich empfehle mich, Herr Hofrath.

HOFRATH. Bleib er nur. Hebt die Rolle auf. Das Dokument, mein Freund, wird freylich seiner Sache ein ganz anderes Ansehen geben: allein es ist zu wichtig, als daß ich für mich allein etwas darüber beschließen sollte.

BEAMTER. Gestrenger Herr Hofrath, das Dokument ist ganz allein für Sie eingerichtet; wenn Sie nur die Gnade haben wollen, es mit Muße zu überlegen. Ich will mich derweil empfehlen.

HOFRATH. Nein, nein; verzeih Er nur.

Sechster Auftritt.

Vorige. Geheimerath. Hernach ein Amtsbote.

GEHEIMERATH. Ey, ey, Herr Kollega! Sie kommen ja gar nicht zur Gesellschaft! <157>

HOFRATH. Ich habe Geschäfte, wie Sie sehen.

GEHEIMERATH. Nun, was steht denn zu Diensten?

HOFRATH. Sie wissen, Herr Geheimerath, wie die Sache dieses Mannes steht?

GEHEIMERATH. Ah, ah! Contra Witttve Meyer?

HOFRATH. Ja!

GEHEIMERATH. Mein Freund, sey Er kein Narr, und verprozessir Er kein Geld. Laß er die gute Frau mit ihren Kindern in Ruhe sitzen: Er soll sie nicht vertreiben. Seinen Prozeß hat Er *cum expensis* verloren; Morgen bekömmt er Seinen Bescheid, und damit geh Er nach Hause, und sey Er froh, daß Er mit einem blauen Auge davon kömmt. Versteht er Deutsch?

HOFRATH. Indessen, Herr Geheimerath, wie sich bey der schlimmsten Sache manchmal noch ein günstiger Umstand zeigt ––

GEHEIMERATH. Ja? Das wäre doch sonderbar!

BEAMTER. Nun, ich empfehle mich –

HOFRATH. Nein, nein; bleib Er nur.

GEHEIMERATH. Bleib Er! <158>

HOFRATH. Wollen Sie die Güte haben, dieses mir eben insinuirte Dokument giebt ihm Schriften und Rolle zu erwägen.

GEHEIMERATH. Da seh ich ja keinen Buchstaben. – Aber, was ist denn das? Er eröfnet die Rolle. Hm! Hm! Lauter schöne, geränderte Dukaten.

HOFRATH. Elender! Mich? – Mich wolltest Du bestechen?

GEHEIMERATH. So, so! Hat Er auch ein wildes Schwein oder einen feisten Rehbock in die Küche fahren lassen? Ha, ha, ha!

HOFRATH. Es ist mir lieb, daß Sie sich glücklicherweise eben in meinem Hause befinden, Herr Geheimerath; behalten Sie das saubere Dokument bis zur nähern Untersuchung bey sich. Und Du er klingelt, Nichtswürdiger, der Du in mir unsere ganze ehrwürdige Justiz beleidigest; der Amtsbote tritt ein. Hier! Amtsbote, führt den Kerl in Verhaft. Der Amtsbote packt ihn an.

BEAMTER. Gestrenger Herr Hofrath! –

GEHEIMERATH. Recht, Herr Kollega! recht! Fort mit Dir! Wofür siehst Du Bösewicht unser ansehnliches Kollegium an? Habe letzthin auch so einen ausgefenstert, der wollts gar <159> fein machen, zerbrach mir, als wie von ungefähr, eine Theetasse für einen halben Thaler, und schickte mir darauf ein ganzes Servis für etliche hundert Thaler; aber ich meyne, er bekam sein Theil. Recht, Herr Kollega, *fiat Justitia & pereat* so ein Bube! – Fort mit Dir! –

AMTSBOTE greift ihn ziemlich unsanft an. Nu, marsch!

BEAMTER. Gestrenger Herr Hofrath, ich bin unschuldig. Wenn Sie den Amtsboten nur einen Augenblick wollen abtreten lassen, so will ich Ihnen Dinge entdecken –

HOFRATH. Fort, fort!

GEHEIMERATH. Nun, Herr Kollega, *audiatur!* Wer weiß, was da noch für faule Fische dahinter stecken.

HOFRATH zum Amtsboten. Geht vor die Thüre, aber nicht weiter. Amtsbote geht ab.

GEHEIMERATH. Nun, Bursche, was habt ihr vorzutragen?

BEAMTER. Gestrenger Herr Hofrath, ich weiß wohl, daß man bey Ihnen mit so etwas nicht kommen darf: es wäre mir auch nicht in Sinn gekommen; aber der Herr Kammerherr hats mir untern Fuß gegeben; ich wollte gar <160> nicht daran, aber er bestand darauf, und sagte: es hätte sonst seine Ursachen.

HOFRATH. So, so! für sich, Wieder eine Mine!

BEAMTER. Wenn Sie mich, gestrenger Herr Hofrath, frey nach Hause wollen gehen lassen, so wollt ich Ihnen ganz andere Dinge entdecken.

HOFRATH. Keine Bedingungen! Wenn Ihr nicht freiwillig bekennt, so habe ich Mittel Euch das Maul öffnen zu lassen. Er greift nach der Klingel.

BEAMTER. Gestrenger Herr Hofrath, lassen Sie Gnade für Recht ergehen, ich will alles bekennen. Der Herr Kammerherr hat auf meinem Gute in Laxhausen ein Zimmerchen für Ihre Mamsell Tochter bestellt ––

HOFRATH. Für meine Tochter?

BEAMTER. Ja! Er sagte, die Mamsell wollte ihn gerne heyrathen, Sie wollten aber nicht, und da wollte sie sich so lange ins Geheim bey mir aufhalten, bis Sie Ihre Einwilligung gegeben hätten.

GEHEIMERATH. Ey, ey, ey! Ist das möglich? Das hätt' ich in der Mamsell Reinhard nicht gesucht. <161>

HOFRATH. Können Sie so was von meiner Tochter glauben? – Nun, mein Freund, für die gegebene Nachricht dank' ich Ihm; und für die Bereitwilligkeit, er klingelt, der Amtsbote tritt ein, sich zu solchen Bubenstreichen brauchen zu laßen, mag Er auf acht Tage versuchen, wie Wasser und Brod schmeckt.

BEAMTER. Gestrenger Herr Hofrath –

HOFRATH. Auf acht Tage nur! Das warme Essen wird Ihm hernach noch einmal so gut schmecken. Amtsbote, liefert ihn in die Voigtey, auf acht Tage bey Wasser und Brod.

AMTSBOTE. Gut, Herr Hofrath. Indem ihn abführt. Werden die dicken Pausbacken abfallen! Gehen beyde ab.

Siebenter Auftritt.

Geheimerath. Hofrath.

HOFRATH. Nun; was sagen Sie zu dem Günstling unsers gnädigen Herrn?

GEHEIMERATH. Ich steh' da, wie versteinert.

HOFRATH. Aber herzlich lieb ist mirs, daß Sie Zeuge davon gewesen sind.

GEHEIMERATH. Auch wollen wir das nicht ungenutzt laßen. Kömmt Zeit, kömmt Rath! <162> Die Geschichte mit Ihrer Tochter geht mir nur gewaltig im Kopf herum.

HOFRATH. Sorgen Sie nicht! Wegen meiner Tochter bin ich unbekümmert. Was der Kerl der Beamte da schwatzte, hat ihm der Kammerherr aufgebunden.

GEHEIMERATH. Lieber Freund! Ein Mädchen ist ein Mädchen, und Glas ist Glas: und Ihre Tochter ist ein Frauenzimmer.

HOFRATH. Aber meine Tochter! Auch ist Sie in Sicherheit.

GEHEIMERATH. Nun, wenn das ist, *concedo!* Sonst trau' ich den jungen Mamsells heut zu Tage nicht über die Gasse. Und ich pfleg immer zu sagen, wenn ein Mädchen, besonders in großen Städten, zur Beichte gewesen ist; *periculum in mora*[46]. Ha, ha, ha!

---

[46] = Gefahr im Verzug.

Achter Auftritt.

Vorige. Kammerherr. Friedrich.

FRIEDRICH, der dem Kammerherrn die Thür öffnet. Der Herr Kammerherr. Geht ab.

KAMMERHERR, in einem Reitkleide. Meine Herren, Ihr gehorsamer Diener.

GEHEIMERATH. Gehorsamer!<163>

HOFRATH. Was ist zu Diensten?

KAMMERHERR. Ich komme von Ihro Durchlaucht.

GEHEIMERATH will gehen. So will ich nicht stören.

HOFRATH. Bleiben Sie, Herr Geheimerath. Zum Kammerherrn. Es wird doch nichts Geheimes seyn?

KAMMERHERR. Für itzt; aber morgen wird es doch die ganze Stadt wissen.

HOFRATH zum Geheimenrath. Allso!

GEHEIMERATH. Nun, und was wäre denn das?

KAMMERHERR. Es thut mir leid, daß ich der Ueberbringer von dieser unangenehmen Nachricht seyn muß; allein ich hatt' es Ihnen vorhergesagt, aber Sie wollten sich nicht warnen lassen.

HOFRATH. Ohne Einleitung, wenn ich bitten darf.

KAMMERHERR. Recht gerne! Ihro Durchlaucht, höchst ungehalten über die Hartnäckigkeit, mit der Sie sich seinem höchsten Willen von jeher widersetzt, sind es endlich müde, und entlaßen Sie von diesem Augenblicke an Ihrer Dienste. <164>

GEHEIMERATH. Wen? Den Hofrath?

KAMMERHERR. Nicht anders.

GEHEIMERATH. Einen solchen Mann!

KAMMERHERR. Ihro Durchl. bedauern vielleicht selbst den Verlust eines geschickten Raths; allein, sie sehn auch gern, wenn mit der Geschicklichkeit Unterwerfung verbunden ist.

HOFRATH ganz gelassen. Ihro Durchl. sind immer sehr gnädig gegen mich gewesen, auch hierinnen kommen sie mir in meinen Wünschen zuvor.

KAMMERHERR. Wieso?

HOFRATH. Ueber lang oder kurz hätte ich doch, wenn gewisse Dinge sich nicht geändert hätten, meinen Abschied nehmen müßen; Ihro Durchl. haben nur die Gnade, mir eher Ruhe und Erholung zu gönnen, als ich hoffen durfte. – Ich kann Ihro Durchl. entbehren; können Ihro Durchl. mich entbehren, so freut's mich! Es ist ein Beweis, daß es ihm in seinem Lande nicht an tüchtigen, und wie ich gerne glaube, an geschmeidigern Leuten fehlt.

KAMMERHERR. Ist das Ihre ganze Antwort?

HOFRATH. Allerdings! Und Sie verpflichten mich, wenn Sie sie buchstäblich hinterbringen. <165>

KAMMERHERR. Seine Ungnade haben Sie; fürchten Sie seinen Zorn!

HOFRATH. Ich beklage den Fürsten, den Wahrheit erzürnen kann.

KAMMERHERR. Ein gutes Wort – meine Fürsprache –

HOFRATH. Jenes werd' ich nicht geben, und diese verbitt' ich mir. Uebrigens Herr Kammerherr, wünsch' ich Ihnen Glück!

KAMMERHERR. Mir? worüber?

HOFRATH. Daß Sie mein Loos nicht trift.

KAMMERHERR. Wie so?

HOFRATH. Denken Sie nur, wenn Sie Ihren Abschied bekommen hätten, was wollten Sie in der Welt anfangen? Und allso nochmals wünsch' ich Ihnen Glück.

KAMMERHERR. Sie sind sehr übermüthig.

HOFRATH. Für lauter Freuden. Bedaure nur, daß meine Tochter nunmehr keine anständige Partie mehr für Sie seyn wird. Kammerherr sieht ihn bedenklich an. Eines verabschiedeten Hofraths Tochter – und der Liebling des Fürsten!

KAMMERHERR im hingeworfnen Ton, den der Hofrath nehmen kann, wie er will. Vielleicht würd' ich darüber hinaus seyn. Vielleicht konnte das ein Mittel seyn –– <166>

HOFRATH. Mich wieder anzuflicken? Wahrhaftig? Ha, ha, ha! Bemühen Sie sich nicht, mein theuerster Gönner; ich bedaure, daß auch dieser Anschlag fehlschlägt. Es giebt wunderliche Leute in der Welt, denen man nirgends beykommen kann. – Von denen alle Bolzen, die man auf sie abschießt, abprellen. – Sie haben Eile, wie ich sehe, Herr Kammerherr, Sie müßen mit Ihro Durchl. nach Laxhausen reiten: ich wünsche, wenn Sie dort eine *partie de plaisir* haben, daß Ihnen auch die nicht fehlschlagen möge. Empfehle mich zu Gnaden, und wie gesagt. Wünsche von Herzen Glück!

KAMMERHERR. Und ich Ihnen, daß Sie lange in der guten Laune bleiben mögen; ich fürchte aber, die Nachwehen werden kommen. Ha, ha, ha!

HOFRATH. Fürchten Sie nichts; ich hoffe glückliche Entbindung. Ha, ha, ha! Kammerherr geht ab.

Neunter Auftritt.

Geheimerath. Hofrath.

HOFRATH. Nun Herr Geheimerath, was stehn Sie denn da? <167>

GEHEIMERATH. Wie vorm Kopf geschlagen!

HOFRATH. Worüber wundern Sie sich?

GEHEIMERATH. Wenn der Fürst solche Stämme umhaut, was soll aus dem Walde werden? Ey, ey!

HOFRATH. Ein hübscher lichter Wald, wo der Wind fein brausen kann. Wenn ein Narr am Ruder sitzt, wirft man die gescheiten Leute über Bord, damit man nicht sieht, wie das Schiff auf die Sandbank getrieben wird.

GEHEIMERATH. Einem Manne, der gleichsam nur *honoris causa* diente; der Vergnügen und Vermögen dem Wohl des Staats aufopferte – dem den Abschied zu geben! Ey, ey!

HOFRATH. Sehen Sie es, als eine fürstliche Erkenntlichkeit an. Für treugeleistete Dienste erlaubt er mir nun von meinem Gelde ruhig und vergnügt zu leben.

GEHEIMERATH. Erlauben Sie wohl, daß Ihr Kutscher für mich anspannen darf?

HOFRATH. Wo wollen Sie schon hin, Herr Geheimerath?

GEHEIMERATH. Meinen Abschied nehmen, oder Ihnen Genugthuung schaffen. Ich will auf meine alten Tage nicht der Kinderspott werden und das würd ich, wenn mir solche Leute <168> aus meinem Kollegio von der Seite genommen und die Stellen vielleicht mit Kindern besetzt würden.

HOFRATH. Meinetwegen keinen Schritt, Herr Geheimerath. Kleiden Sie es ein, wie Sie wollen, es bleibt immer Erniedrignng für mich.

GEHEIMERATH. So nehme ich meinen Abschied, und wenn ich mit meinem Podagra nach Hofe hinken soll, wenn Sie nicht wollen anspannen laßen.

HOFRATH. Lieber wunderlicher Freund! äußern Sie ihre Freundschaft für mich auf eine andere Art; äußern Sie sie dadurch, daß Sie mir die Handvoll Jahre, die ich noch zu leben habe, in Ruh' und Friede, im Schoose meiner Familie verleben laßen. Wenn ich meinen Sohn versorgt habe, wie ich ihn denn bald zu versorgen denke, hoff' ich, ruhig und glücklich zu leben.

GEHEIMERATH. Freund! Alte Leute sind wunderlich, sind eigensinnig. Ich bitte Sie um unsere Freundschaft, laßen Sie anspannen; ich hinke sonst mein Seel'! fort.

HOFRATH. Wenn Sie durchaus wollen. Nur –– <169>

GEHEIMERATH. Herr! Ihre Ehre ist meine Ehre; ich werde Ihnen kein Haar breit vergeben; aber ich erzeige dem Fürsten und dem Lande eine Wohlthat, wenn ich ihm die Augen öffne, und will er nicht sehn, so hab' ich meine Schuldigkeit gethan. Die Gewalt des Fürsten muß kein Messer in der Hand eines Kindes werden, dafür sind wir da.

HOFRATH. Thun Sie, was Sie wollen, Herr Geheimerath; aber ich behalte mir vor, immer noch zu thun, was ich will. Er klingelt; Friedrich kömmt. Friedrich, laß gleich anspannen; der Herr Geheimerath wollen wegfahren. Friedrich ab.

GEHEIMERATH. Und Ihre Freundschaft will ich verlieren; einen alten kindischen Mann sollen Sie mich schelten, wenn Sie nicht mit mir zufrieden sind.

HOFRATH. Aber eben fällt mirs ein: Sie werden den Fürsten nicht treffen; er ist ausgeritten.

GEHEIMERATH. Treff ich ihn nicht, so wart' ich, bis er zurück kömmt. Im Dienste seines Landesherrn und seiner Freunde ist die Zeit immer gut angewendet. – Wo hab ich denn das saubere Dokument? – Aha! Hier. – Wart, Hofschranz, das soll dir mit den Hals <170> brechen. Nimmt den Hofrath bey der Hand. Freund! eklatante Satisfaktion, oder auch ich habe keinen Dienst mehr. Leben Sie wohl bis dahin! Hofrath will ihn begleiten. Keine Umstände *inter amicos*. Bleiben Sie! bleiben Sie! Geht ab.

Zehnter Auftritt.

Hofrath, allein.

Ich wollte, es blieb, wie es ist: ausgespannt, und frey vom Joche des Herrendienstes; ich wäre so ruhiger und besser. Und nun die Sachen so stehen, wünscht' ich, meine Kinder wären hier. Augen werden sie machen, die Herren Jäger, wenn sie das Wild in einem fremden Revier finden, wenn ihnen so ein schön Stück Wild entgeht. Es ist ein *morceau de prince*, meine Wilhelmine! Man hat Exempel, daß um einen schlechtern Bissen ein Durchlauchtigster Fürst sein Land verschuldet hat. Nun ist sie in guten Händen; es ist ein herrlicher Junge der Lieutenant! Warum ist mein Sohn nicht so! <171>

Eilfter Auftritt.

Hofrath, Major. Kirchenrath.

MAJOR. Kreuz Bataillon! das ist mir einmal ein Spiel. Der Geheimerath ist nun auch fortgehinkt, und die Frau Hofräthinn geht ihren Geschäften in der Küche nach: das war ja sonst ihres Amts nicht.

HOFRATH. Seit heute, Herr Major.

MAJOR. Brav! hol mich dieser und jener, recht brav! Eine Frau muß sich nicht schämen, selbst einmal einen Topf aufs Feuer zu setzen, und – und wenn sie eines Superintendenten Frau wäre.

KIRCHENRATH. Ich versteh', Herr Major, das soll auf meine theure Hälfte gehen, die nicht aus dem Zimmer kömmt. „Rauch verdirbt den Teint, sagt sie, und wofür hat man seine Leute?" Um den lieben Frieden zu erhalten, muß man schon Fünfe gerad seyn lassen.

MAJOR. Und unterdessen mags in der Wirthschaft drunter und drüber gehn. Zwar, ihr Herren, die Ihr vom Altar lebt, könnt schon was aufgehen lassen; besonders, wenn man so die Inspektion über ganze Provinzen hat. <172>

KIRCHENRATH. Herr Hofrath, wollen Sie die Partie fortsetzen?

MAJOR. Aha! Er marschirt links ab.

HOFRATH. Noch kann ich nicht, meine Herren. Es ist heut ein Tag der Unruhe für mich! Ich habe eben einen, zwar nicht unerwarteten, Auftritt gehabt, aber er überraschte mich doch. Und noch hab ich ein herbes Geschäfte vor mir. Sie haben es doch bestellt, Herr Major?

MAJOR. Auf den Wink!

HOFRATH. Ein Geschäft, Herr Kirchenrath, wozu ich zwar den geistlichen Arm nicht brauche, aber auch Sie sind Vater! Sie mögen Zeuge seyn, wie theuer einem oft dieser Name zu stehen kömmt! Wie schwer es einem wird: Vater zu seyn, wenn man's recht seyn will. Er klingelt.

KIRCHENRATH. Kinder machen Sorgen! An den Ihrigen aber dächte ich, erlebten Sie Freude.

HOFRATH. Sie werden es gleich sehen, wie viel Freude ich erlebe. An Friedrich, der eben eintritt. Was macht mein Sohn?

FRIEDRICH. Er schmeißt zum Zeitvertreib ein Fenster nach dem andern ein.

HOFRATH. Laß ihn kommen.

FRIEDRICH geht ab. <173>

KIRCHENRATH. Hat er etwa einen Anfall *in cerebro*[47]?

HOFRATH. Wollte Gott, es wäre nur das! Ich möchte mein Kind lieber im Tollhause, als auf dem Wege zur Galeere sehn. Gott, verzeih mir den Gedanken!

---

[47] Gemeint ist sicher: epileptischer Anfall.

KIRCHENRATH. Behüte! wär es dahin mit ihm gekommen, seinen Aeltern ungehorsam, ein zweiter Absalon[48] zu werden?

Zwölfter Auftritt.

Vorige. Friedrich. Fritz.

FRITZ stößt den Friedrich für sich hinein. Flegel! Ich werde den Weg schon von selbst finden.

HOFRATH. Mein Sohn!

FRITZ. Sohn? Fast glaub ich selbst, dass ich ein Bastart bin; mit Ihrem Sohne würden Sie so nicht umgehen.

KIRCHENRATH. Ey, ey! Herr Reinhard, spricht ein Kind so zu seinem Vater?

FRITZ. Nachdem sie sind, die Väter!

HOFRATH. Fritz! ich bin dir immer ein langmüthiger, nachsichtvoller Vater gewesen, und noch stehts bey dir, was ich dir künftig seyn soll. Bitten will ich Dich sogar, beschwören: <174> zwinge mich nicht, aus Liebe zu dir ein strenger Vater zu seyn.

FRITZ. Ist das auch Liebe, mich vom Kutscher und Hausknecht anpacken und wie einen Hund in ein Loch werfen zu lassen? Verflucht über die Liebe!

HOFRATH. Warum widersetztest du dich meinem Befehle? Und – ein guter Geist gab mirs ein, dich nicht ausfahren zu laßen. – Wiss' es, und erröthe vor Scham, wenn du dieser Empfindung noch fähig bist, wiss': daß mir die Absicht deiner Spazierfahrt bekannt ist.

FRITZ zu Friedrich. Schurke!

HOFRATH. Schweig! Wär der Kerl ein Schurke gewesen, so wär deine Schwester itzt –– Doch, auch die Erniedrigung will ich dir ersparen, dein Bubenstück in Gegenwart dieser Herren zu erzählen. Fritz! zum

---

[48] Abschalom (auch Absalom, Abischalom) war einer der jüngeren Söhne von König David und ein Halbbruder des Salomo. Seine Lebenszeit wird um das Jahr 1000 v. Chr. datiert. Obwohl er von seinem Vater sehr geliebt wurde, versucht er diesen zu stürzen. Die Umstände werden in biblischen Erzählungen von 2. Sam. 15–18 geschildert.

Letztenmale, zum Letztenmale spricht Dein gütiger Vater mit Dir. – Aus dem Hause Laß ich Dich nicht, bis Deine Aufführung mich vor Ausschweifungen sichert. Es sollen Dir Akten zur Ausarbeitung auf Dein Zimmer geschickt werden; Du kannst ein *Jus*, das Du so liederlicher Weise seit einiger Zeit an Nagel gehänkt hast, fleißig exerciren, und durch anhaltenden Fleiß <175> {an Talent fehlt Dirs nicht} in der Regierung bald vorwärts kommen.

FRITZ. Ich thu's nicht!

HOFRATH. Mein Sohn!

FRITZ. Ich thu's nicht! Lassen Sie mich Offizier werden, wie mirs der Fürst versprochen hat.

HOFRATH. Ich bitte dich!

FRITZ. Ich thu's nicht!

HOFRATH. Wohl! so muß ich daran. Du brichst Dir selber den Stab – und mir – das Herz. Aber es sey! Ich will den Vorwurf nicht mit ins Grab nehmen, an deinem Unglücke schuld gewesen zu seyn. Geht einigemal auf und nieder, und sucht sich zu fassen.

KIRCHENRATH. Ey, Herr Reinhard, Herr Reinhard! das ist hartnäckige Verstockung! Gehn Sie, nutzen Sie noch den günstigen Augenblick, umfassen Sie die Knie Ihres Vaters –

FRITZ. Und wimmere, und krieche! Ich bin kein Kind!

HOFRATH gelassen. Mein Sohn! Um ein braver Offizier zu werden, muß man den kleinen Dienst lernen. – Friedrich! Friedrich öffnet eine Seitenthüre; es trcten zwey Unteroffiziere herein. <176> Herr Major, ich überliefere Ihnen hier einen Rekruten. Zu den Unteroffizieren: Meine Herren, dieser junge Mensch hat große Lust, Soldat zu werden. Mein Freund, der Herr Major, ist so gütig, ihn in seine Kompagnie zu nehmen, Sie werden allso dafür sorgen, daß er der Kompagnie Ehre macht.

UNTEROFFIZIER. Das ist unsere Sorge, Herr Hofrath. Wenn gute Worte nichts verschlagen, so hebt den Stock auf, nehmen wir den Braunen zu Hülfe.

HOFRATH. Ganz recht! Für das Uebrige wird der Herr Major sorgen.

115

MAJOR. Lassen Sie mich nur machen. Ich habe andere Köpfe zur Raison gebracht; wir haben der verhätschelten Muttersöhnchen mehr bey der Kompagnie. Hier haben Sie meine Hand, Freund, und der Teufel soll mich holen, wenn Kommißbrod und ein Spanischrohr in vier Wochen nicht einen tüchtigen Kerl aus ihm machen. – Zu Fritz. Reinhard! Ihr geht mit den beiden Unteroffizieren gleich in mein Quartier, laßt Euch Montirungsstücke anlegen, und fangt gleich an zu marschiren. Unteroffizier!

UNTEROFFIZIER. Herr Oberstwachmeister! <177>

MAJOR. Er giebt ihm Schlafstelle, und geht ihm nicht von der Seite, damit ihm's Desertiren nicht einfällt: zwar, denk' ich, die Lust soll ihm vergehen, durch die lange Gasse zu tanzen⁴⁹. Abends beym Zapfenstreich, und Morgens bey der *Reveille* nimmt Er ihn mit zum Visitiren, damit er ordentlich zu Bette gehn und früh aufstehen lernt. Und damit ers Schreiben nicht verlernt, laß Er ihn fleißig die Kompagnielisten abschreiben. Zu Fritz, der da steht und an den Nägeln kaut. Nun, wie steht Ihr? Den Kopf in die Höhe! Er richtet ihn. Die Brust raus! Den Leib eingezogen! Die Arme am Leibe herunter! Marsch! Es wird schon gehn.

Die beiden Unteroffiziere fassen ihn, jeder unter einen Arm, und führen ihn fort.

HOFRATH. Sehn Sie die Hartnäckigkeit? Nicht einen Laut gab er von sich. Kommen Sie, meine Herren, ich muß frische Luft schöpfen. Sie sind Zeugen gewesen, meine Herren, Sie sind auch Väter; konnt' ich, als Vater, weniger, konnt ich mehr thun? Sie gehen ab.

FRIEDRICH allein. Mein Seel nicht! Er hats darnach gemacht. Das ist ein Galgenstrick! <178> Er mag den Hofrath einen schönen Thaler Geld kosten, und ist doch ein Taugenichts. Unser eins lernte gern was, und hat die Mittel nicht dazu. Aber sie werden dich^bb schon *Mores* lehren! werden dir die Kopfnüsse und Rippenstöße schon eintränken, die ich habe einstecken müssen.

Dreizehnter Auftritt.

Friedrich. Louise.

---

⁴⁹ Eine Umschreibung für das sog. Spießrutenlaufen.

LOUISE, ganz außer Athem. Mein Gott! Friedrich, was geht denn vor? Wo führen sie denn den jungen Herrn hin? Ich hab ihm begegnet mit zwey Unteroffizieren. Alle Leute aus der Gasse laufen zusammen.

FRIEDRICH. So? Nun, Sie weiß ja, der junge Herr hat wollen Offizier werden: er ist aber zurück avancirt, er ist Musketier geworden.

LOUISE. Unser junger Herr? – Musketier?

FRIEDRICH. Ja wohl! O es wird ihm recht gut stehen, der steife Zopf und der kurze Rock. Weiß Sie noch wie er von Jena kam, da hatte er auch so eine kurze Jacke an, und einen Zopf, wie mein Arm dick; stand ihm wohl hübsch! Sie sagte noch, in der kurzen <179> Jacke konnte man doch sehn, was an einem Kerl wäre, könnte die Lenden so hübsch sehn. Drum gefällt Ihr auch wohl der holländische Reitknecht so wohl?

LOUISE. Ach! Er ist nicht gescheit«.

FRIEDRICH. Es ist gar ein feines Bürschchen, ein Kerlchen, wie gedrechselt.

LOUISE. So ein Grobian ist er freylich nicht, wie Er.

FRIEDRICH. O nein, es ist ein gar galanter Reitkne[ch]t; kann ein Wörtchen Latein, und Franzsch radebrechen.

Vierzehnter Auftritt.

Vorige. Hofräthinn.

HOFRÄTHINN. Was steht Ihr da einmal wieder beysammen? – Gehts wieder über die Herrschaft her? Wo ist mein Mann?

FRIEDRICH. Herunter gegangen in den Garten.

HOFRÄTHINN. Das ist ja heute einmal ein Lärmen im Haus, das nicht auszuhalten. Ists wahr, was mir eben Leute von der Gasse erzählen?

FRIEDRICH. Was denn, Frau Hofräthinn.

LOUISE. Ach, freylich ists wahr! Ich hab ihn selbst gesehen. <180>

HOFRÄTHINN. Meinen Stiefsohn unter die Soldaten?

FRIEDRICH. Ja, Frau Hofräthinn. Der Herr Hofrath meynte, weil er doch durchaus Offizier werden wollte, so sollt er von der Pique an dienen.

117

HOFRÄTHINN. Mein Gott! wo denkt der Mann hin? Sich in seinem eigenen Solme zu prostituiren! Das wird ein schönes Raisonnement in der Stadt geben.

LOUISE. Die Kinder auf der Gasse reden schon davon.

HOFRÄTHINN. Das ist ein Schimpf für die ganze Familie. Hätt' ich doch nur nicht nachgegeben! Gott, was für ein Mann! Was für ein Mann! – Ich bin in meinem Kabinet, wenn er nach mir fragt. Geht ab.

FRIEDRICH. Was für ein Mann! was für ein Mann! Es ist ein M a n n, Madame! – Jungfer Louise, ich bin in meinem Kabinet, wenn Sie nach mir fragt. von einer Seite ab.

LOUISE. Ich frage den Henker nach ihm! Von der andern Seite ab.

Ende des vierten Aufzugs. <181>

Fünfter Akt.

Erster Auftritt.

Hofräthinn. Oberst.

HOFRÄTHINN, aus ihrem Kabinett kommend. Er läßt sich nicht sehen und nicht hören. Ich Muß nur heruntergehen. Ich weiß nur nicht, mit welchem Gesicht ich der Gesellschaft unter die Augen treten soll. O Gott! Ueber die Männer, wenn sie einmal ihre Köpfe aufsetzen! will gehen.

OBERST, von der Gasse kommend. Ach, guten Abend, Nichte. Wo ist Ihr Mann? Drückt ihr die Hand. Frau, was für einen Mann haben Sie!

HOFRÄTHINN. Einen hitzigen wunderlichen Mann!

OBERST. Mit unter, das kann seyn, wenns ihm darnach gemacht wird: aber sonst der beßte Mann auf Gottes weitem Erdboden.

HOFRÄTHINN. Das sagen Sie?

OBERST. Das sag ich. Und der Teufel soll den holen, der's Gegentheil sagt!

HOFRÄTHINN. So hätt' er mich bald geholt; ich war in Versuchung, zu widersprechen. <182>

OBERST. Sie? Unrecht haben Sie, unbesehen: Sie haben Unrecht. Wir haben ihn alle verkannt, Sie und ich, und ich am mehresten. Ich habe ihn eines Weibsbildes wegen verkannt, das nicht werth ist meine Schwester zu seyn.

HOFRÄTHINN. Meine Tante?

OBERST. Nicht werth Ihre Tante zu seyn. Sie ists, die alle die Stänkereyen in der Familie gemacht hat: sie hat mich gegen den redlichen Mann verblendet; sie hat mich in Schulden und Narrheiten gesteckt, woraus er mich reißt, ohne daß ichs je um ihn verdient habe.

HOFRÄTHINN. Hätt ich doch nie geglaubt, daß Sie sein Lobredner werden sollten.

OBERST. Ich muß – ich muß! und wenn der Henker mit dem Schwerdte hinter mir stünde. Da sehn Sie, zeigt ihr seine Börse, das hab ich noch übrig, und alle meine kleinen Schulden bezahlt. Aber nicht des Plunders wegen

119

– hab' ihn mein Tage nicht ästimirt – sondern, weil er mich dem Schimpf und dem Spotte entrissen, weil er mich auf meine Würde, aufmerksam gemacht, und mich von einem Teufel in weiblicher Gestalt erlöset hat.

HOFRÄTHINN. Sie sind außer sich. <183>

OBERST. Vor Vergnügen. Ich athme Freyheit und Glückseligkeit. Noch heute zieh' ich hier ein, um mein Leben zu genießen, in Gesellschaft eines Mannes, der mein Freund, mein Führer seyn will.

HOFRÄTHINN. Sie? – ziehen zu uns ins Haus?

OBERST. Ja, ja! ich, zu Ihnen ins Haus. Sack und Pack sind schon da!

Zweyter Auftritt.

Vorige. Frau von Schmerling.

FRAU VON SCHMERLING. Ah! *Bon soir!* Nun, Nichtchen? spannt der Herr Hofrath die Sayten noch so hoch, nachdem er in Gnaden seinen Abschied erhalten hat?

HOFRÄTHINN. Wer? Mein Mann?

FRAU VON SCHMERLING. Kind! wissen Sie es noch nicht? Es sollt' mir leid thun, wenn Sie etwan in Umständen –– wo eine plötzliche Alteration ––

OBERST. Der Hofrath den Abschied?

FRAU VON SCHMERLING. Ja, Herr Bruder. Ich komme eben aus der *Assemblee* vom Minister; er hat schon Ordre zur Ausfertigung. <184> Vorläufig hat ihn ihm der Kammerherr angekündigt. Hätte man sich den zum Freunde gemacht, gewiße Indolenzien nicht begangen, so stünde vielleicht noch alles gut. Aber, nachdem mans treibt, nach dem gehts.

HOFRÄTHINN. Großer Gott! mein Mann verabschiedet?

OBERST, zu seiner Schwester. Und das sagen Sie mit solcher teuflischen Schadenfreude?

FRAU VON SCHMERLING. Ich hab's ja gejagt, ich wollte seine Schwelle nicht eher wieder betreten, als um über ihn zu triumphiren. Er hat seinen Abschied, und hier bin ich. Wie man sich bettet, so schläft man. Er wollt's ja nicht besser haben.

OBERST. Sie haben allso die Hände mit im Spiel gehabt?

FRAU VON SCHMERLING. Die Karte gemischt und gegeben.

OBERST. Scheusal von einem Weibe!

FRAU VON SCHMERLING. Mir das?

OBERST. Ja, Dir, Dir! die ich nicht mehr für meine Schwester erkenne; von der ich meine Hand abziehe –

FRAU VON SCHMERLING. Sind Sie unsinnig? Ist das eine Sprache mit mir? <185>

OBERST. Eine Sprache, die ich eher hätte mit Ihnen führen sollen. Aber nur Geduld! Auch für Sie sind Karten gemacht und gegeben.

FRAU VON SCHMERLING. Ha, ha, ha!

OBERST. Lach, Teufel, lach! Wir wollen sehen wer zuletzt lacht.

HOFRÄTHINN. O Gott! Mein Mann! Mein Mann!

OBERST. Seyn Sie ruhig, liebe Nichte. Vielleicht kann alles wieder hergestellt werden. Und wenn auch; wenns auch dabey bliebe: Ihr Mann braucht den Fürsten nicht, aber er ihn.

HOFRÄTHINN. Alles recht gut; aber das Gerede in der Stadt. Es kömmt Schlag auf Schlag. O Tante, Tante! was haben Sie gemacht?

FRAU VON SCHMERLING. Was ich thun mußte: Ich will ihn lehren Leute meines Standes *en bagatelle* traktiren.

Dritter Auftritt.

Vorige. Friedrich.

FRIEDRICH. Herr Oberste, Ihre Sachen sind hinauf geschafft; und Ihre Pferde, sollen die bey uns in dem Stall gezogen werden? <186>

OBERST. Ja, mein Sohn. Ich komme hernach selbst herunter, um darnach zu sehen.

FRIEDRICH. Gut, Herr Oberst. Geht ab.

FRAU VON SCHMERLING. Was war das?

OBERST. Nachdem mans treibt, nach dem gehts. Lachen Sie doch! Ausgezogen bin ich, Madam, um mit einer solchen Furie nicht länger unter einem Dache zu wohnen. Ich will Sie lehren einen Bruder *en bagatelle* traktiren. Nun, lachen Sie doch! Und morgendes Tages laß ich Ihnen das Haus übern Kopf anschlagen und dem Meistbietenden verkaufen, und dann mögen Sie meinethalben – zum Sattler Wunderlich ziehen, nichts für ungut. Nun, Sie lachen ja nicht?

FRAU VON SCHMERLING. Von Herzen! Ha, ha, ha!

OBERST. Es klingt mir nicht so; das Instrument ist verstimmt.

FRAU VON SCHMERLING. Wahrhaftig nicht! Ich lache recht herzlich über Sie; Sie sind das armseligste Geschöpf von einem Mann, das die Erde trägt: schwankend wie ein Rohr; ohne Kraft, ohne Festigkeit: tanzen nach einer jeden Pfeife.

OBERST. Sie meynen, weil ich bisher gutwillig genug gewesen bin, nach der Ihrigen zu <187> tanzen? Das Lied hat nun ein Ende, gnädige Frau Schwester, und Sie sollen heute noch nach Noten tanzen, wovon Ihnen die Harmonie gar nicht gefallen wird.

Vierter Auftritt.

Vorige. Hofrath.

HOFRÄTHINN, ihm entgegen. O mein Beßter, was haben Sie gemacht?

HOFRATH. Ich?

FRAU VON SCHMERLING. Ach! Ihre Dienerinn, Herr Hofrath, gewesen.

HOFRÄTHINN. So ists wahr, mein Schatz? So haben Sie Ihren Abschied?

HOFRATH. Ja, mein Kind! Freuts dich nicht, daß der Fürst die Gnade gehabt, mich Mir und den Meinigen wieder zu schenken?

FRAU VON SCHMERLING. Sie nehmen Ihre Partie, wie ein weiser Mann.

HOFRATH. Madam, was suchen Sie in meinem Hause?

FRAU VON SCHMERLING. Ich erbaue mich an Ihrer Gelassenheit im Leiden.

HOFRATH. Daran thun Sie recht wohl. Ueben Sie sich bey Zeiten darinn, Sie <188> möchten sie nöthig haben. – Zu seiner Frau. Mein Schatz, sey ruhig, Du siehst, daß ich es bin. Was soll das Gewinsel? – Guten Abend, lieber Herr Oberste; wie gehts?

OBERST. Gut, recht gut, wackerer Mann! Schwatzen kann ich nicht viel, aber, ihm die Hand drückend, Sie fühlen, was ich Ihnen sagen möchte.

HOFRATH. Schon gut, lieber Freund, schon gut.

FRAU VON SCHMERLING. Das ist ja eine recht brüderliche Eintracht!

OBERST. Ich bin nun zwar Ihr Hausgenosse, lieber Hofrath; aber in diesem Zimmer hab ich nichts zu befehlen. Ich bitte allso um Erlaubnis, seine Schwester etwas unsanft bey der Hand ergreifend die Luft zu reinigen.

FRAU VON SCHMERLING. Nu, nu! Nur gemach!

HOFRATH. Nicht doch, Herr Oberst! Die gnädige Frau wird uns ohnehin nicht lange die Ehre ihrer Gegenwart schenken können: sie wird Einrichtungen in ihrem Hause zu machen haben.

FRAU VON SCHMERLING. Fein spöttisch! Allso ist der Herr Oberste wirklich zu Ihnen ins Haus gezogen? <189>

HOFRATH. Wirklich!

FRAU VON SCHMERLING. Um ein vollkommener Schmarotzer zu werden?

OBERST. Weib!

HOFRATH. Ruhig, Herr Oberst. Madam, Ihr Herr Bruder ist auf mein Bitten zu mir gezogen, um seine verfallene Umstände, die nicht ihm, sondern Ihnen Schande machen, wieder in Ordnung zu bringen; um seinem völligen Ruin, dem er bey Ihrer weisen Oekonomie spornstreichs entgegen eilte, zuvor zu kommen. Mit Vergnügen bin ich sein Verwalter geworden; hüten Sie sich, daß Ihre Gläubiger es nicht von Ihnen werden.

HOFRÄTHINN. Gott! das muß ich alles so mit anhören! – Darf ich denn fragen, ob ––

HOFRATH. Ob was?

HOFRÄTHINN. Ob Sie unsern Sohn wirklich –

HOFRATH. Der lernt seit einer Stunde marschiren.

OBERST. Wer?

FRAU VON SCHMERLING. Ihr Sohn?

HOFRÄTHINN. O Gott! einen solchen Schimpf! Am hellen lichten Tage durch die Straßen führen zu laßen. <190>

HOFRATH. Es ist mein Sohn. Wer am mehresten darunter leidet, der bin ich. Mir liegt die Sorge seiner Erziehung ob; mir, ihn wo möglich noch zu bessern. Die Wege zur Besserung sind verschieden; ich habe diesen einschlagen müssen. Auch dieß hab' ich Ihnen größtentheils zu danken, Madam. Hätten Sie ihm den Offizier nicht in Kopf gesetzt, der junge Mensch hätte nicht daran gedacht. Es ärgert mich nur, daß ich Ihrem Willen zum Theil habe nachgeben müßen: Sie wollten einen Offizier aus ihm machen: er fängt vor der Hand mit dem Musquetier an.

FRAU VON SCHMERLING. Mein Pathe Fritz, Musketier?

HOFRATH. Ihr Pathe Fritz, Musquetier; unter Major Wurmbs Kompagnie.

HOFRÄTHINN. Und denken Sie nur, gnädige Tante, die Schande: ihn am hellen Tage öffentlich durch die Strassen zu führen!

FRAU VON SCHMERLING. Das ist abscheulich! – Aber ich will ihn schon wieder los machen. – Morgen früh geh' ich zu Ihro Durchlaucht.

HOFRATH. Bemühen Sie sich, nicht Madam. So weit erstreckt sich die Gewalt des Fürsten nicht, in die Rechte des Vaters <191> zu greifen, die Natur und Gesetz geheiligt haben.

FRAU VON SCHMERLING. Nicht?

HOFRATH. Nein, Madam, nein, nein!

Fünfter Auftritt.

Vorige. Friedrich. Hernach der Sattler.

FRIEDRICH. Der Sattler Wunderlich!

HOFRATH etwas bestürzt, heimlich zum Obersten. Ist der nicht befriedigt?

OBERST heimlich. Ja; aber er solls noch verschweigen.

HOFRATH. So! – Laßt den ehrlichen Mann herein kommen. Friedrich geht ab. Das wird Sie angehen, Madam.

OBERST. Lachen Sie doch, Frau Schwester. Es ist eine von den Pfeifen, wornach Sie werden tanzen müssen.

FRAU VON SCHMERLING, ihren Unmuth verbeißend. Ich will doch sehen, was so ein Kerl mit einer Frau von Stande anfangen will.

HOFRATH. Alles, was die Gerechtigkeit seiner Fordrung mit sich bringt. Meynen Sie Ihren Stand zur Schutzwehr zu machen, <192> hinter welcher Sie ungestraft Pflicht und Gesetz mit Füßen treten können. Nein, Madam, so beschimpfen Sie den Adel. Die Ausübung jeder Tugend, die strengste Beobachtung der Ehre und Rechtschaffenheit, die Aufrechthaltung der Gesetze – das giebt dem Adel seine Werth, Glanz und Vorzug.

FRAU VON SCHMERLING. Ich danke, Herr Professor.

SATTLER tritt ein. Nichts für ungut, Herr Hofrath. Habe allen Respekt für Ihr Haus; habe nur mit der gnädigen Frau da, nichts für ungut, ein paar Worte zu sprechen.

HOFRATH. So viel Er will.

SATTLER. Ihr Gnaden, nichts für ungut, können Sie mich bezahlen?

FRAU VON SCHMERLING. Er ist ein überlästiger, zudringlicher Mann. Was überläuft Er mich? Er ist auf morgen zu mir bestellt, und damit gut.

SATTLER. Und damit nicht gut, Ihr Gnaden, nichts für ungut. Weiß, daß ich Morgen eben so wenig kriegen werde, als heute, nichts für ungut; – weiß, daß es mit den Lieferungen auch nichts ist, nichts für ungut; weiß auch, daß Sie zum Juden Abraham <193> und in der ganzen Stadt herum gefahren sind, zu borgen, nichts für ungut; und daß Sie nichts gekriegt haben, weil Sie kein *Fides* haben, nichts für ungut.

FRAU VON SCHMERLING. Er ist ein ungestümer, grober Mann, weiß Er das.

SATTLER. Grob hin, grob her! Meister Wunderlich ist die Höflichkeit selber, nichts für ungut, *nota bene*, wenn er bezahlt wird. Aber da sieht mirs bey Ihnen nicht darnach aus, nichts für ungut. Da komm' ich alle weile aus Ihrem Hause, da find' ich eine schöne Bescherung! Rein ausgeräumt, so wahr ich ehrlich bin! Da ist weder Tisch, noch Stuhl, noch Bett, noch Vorhänge, nichts für ungut; nichts, und überall nichts, als etliche großmächtige Schildereyen, die aber wurmstichicht und zerlöchert sind, und da krieg' ich vom Trödelweibe nicht sechs Kreuzer darauf, nichts für ungut.

FRAU VON SCHMERLING, zum Obersten. So weit werden Sie die Impertinenz doch nicht getrieben haben?

OBERST. Das hab' ich. Ich habe genommen, was mein ist. <194>

SATTLER. Und da sagt mein Advokat, Sie wären, nichts für ungut, eine Fugenspekte ——

HOFRATH, lächelnd. Eine *Fugae suspecta.*

SATTLER. Nun, nichts für ungut, weiß nicht, wie der Krimskrams in *Juris* heißt; ließ mirs aber zu Deutsch sagen, und da hieß es: eine, die auf flüchtigen Füßen wär, und in solchen Fällen, nichts für ungut, könnt' man Personen Arrest suchen. Und allso hab' ich, mit Ihr Gnaden Erlaubniß, nichts für ungut, ein paar Landreuter mitgebracht, die mit Ihr Gnaden nach Haus fahren, und Ihr Gnaden so lange bedienen sollen, bis ich bezahlt bin, nichts für ungut.

HOFRÄTHINN. Meine Tante in Arrest? Das leid' ich nicht. Ich lasse meine Tante nicht beschimpfen.

HOFRATH. Wenn du dich doch nicht in Sachen mischen wolltest, die dich nichts angehen.

HOFRÄTHINN. Mich nichts angehen? Geht die Ehre meiner Familie mich nichts an?

HOFRATH. Ich dachte, ich hätte für diese Ehre genug gethan. Brechen Sie mir den Mund in Gegenwart dieses Manns nicht auf, mein Schatz. <195>

HOFRÄTHINN. Aber, daß sie arretirt wird, geb' ich nimmermehr zu.

SATTLER. Nun, wenn die Frau Hofräthin die Gnade haben wollen, für Ihr Gnaden zu bezahlen, nichts für ungut; mir ists recht.

HOFRATH. Meine Frau kann ohne mich nichts bezahlen. – Madam, geben Sie dem Manne eine Antwort.

FRAU VON SCHMERLING, für Bosheit weinend. Er soll morgen wiederkommen.

SATTLER. Ja, das wird' ich auch, Ihr Gnaden, nichts für ungut. Aber die Leute fahren mit Ihnen nach Hause, nichts für ungut.

HOFRÄTHINN. Ich bitte Sie um alles in der Welt, mein Beßter!

HOFRATH. Meister, Er hat nun seine Sicherheit genommen. Laß Er die Leute nur unten im Hause warten, und geh' Er ruhig schlafen. Die gnädige Frau hat eine weitläufige Bekanntschaft, und mächtige Freunde bey Hofe; vielleicht schafft sie noch Rath.

SATTLER. Nun, nichts für ungut, Herr Hofrath, daß ich so spät noch inkumodirt habe. Aber wo solls mit uns armen Handwerksleutcn, nichts für ungut, am Ende hinaus, wenn <196> man bald von Petern, bald von Kunzen angeführt wird? Wünsche wohl zu schlafen allerseits; nichts für ungut. Geht ab.

Sechs(zehn)ter Auftritt.

Hofrath. Hofräthinn. Frau von Schmerling. Oberst.

OBERST. Nun, Frau Schwester, warum so nachdenkend? Wie man sich bettet, so schläft man.

FRAU VON SCHMERLING. Gut, schon gut! Aber das soll euch allen theuer zu stehen kommen.

HOFRATH. Madam, lassen Sie uns nicht entgelten, was andere verbrochen haben. Ich habe den mächtigen Einfluß, den Sie bey Hofe haben, schon hart genug empfunden. Allein, was kann ich dafür, daß der Mann keine Lebensart hat? Ich dächte aber, auch er wäre genug gestraft, daß er die versprochenen Lieferungen nicht bekömmt.

FRAU VON SCHMERLING. Spotten Sie nur! Aber mein Haupt will ich nicht eher sanfte niederlegen, bis ich mich aufs empfindlichste gerächt habe. <197>

OBERST, zum Hofrath. Nun mit dem sanften Niederlegen hats ein Weilchen Zeit; sie hat nicht Ein Bett im ganzen Hause.

HOFRÄTHINN. Mein Beßter, ich bitte Sie um unserer Liebe willen.

HOFRATH. Nein, mein Kind, zu viel, ist zu viel. Ein jedes Ding muß seine Grenzen haben; auch die Pflichten der Verwandtschaft, und der Freundschaft haben die ihrigen. Ich glaube, ohne Prahlerey, ich habe mehr gethan, als man billiger Weise von Freunden und Verwandten verlangen kann. Verzeihen Sie, Herr Oberst, daß ich in Ihrer Gegenwart davon zu reden genöthiget werde.

OBERST, ihn umarmend. O, mein Freund! Sie haben mehr für uns gethan, als ein Bruder für den andern.

Siebenter Auftritt.

Vorige. Friedrich, hernach Philipp.

FRIEDRICH. Herr Hofrath, da kommt der Philipp in vollem Galopp angesprengt.

HOFRATH. Endlich! Ich war schon besorgt. Laß ihn gleich heraufkommen.

FRIEDRICH. Da ist er schon. Zu Philipp. Reit' du und der Teufel! <198>

PHILIPP. Ja, im Dienst gehts nicht anders.

FRIEDRICH geht ab.

HOFRATH. Was bringst du?

PHILIPP. Vor der Hand, mich. Mein Herr hat mich vorausgeschickt, und da bin ich.

HOFRATH. Voraus? Allso kommen sie bald nach?

PHILIPP. Wir sind keinen Kanonenschuß auseinander.

HOFRATH. Nun, was gabs?

PHILIPP. Wunderlichs Zeug, Herr Hofrath. Die *Chaise* stand parat, und allso legten wir gleich los. Ich meyne, wir haben die Postklepper nicht verschont, um dem Feinde einen Marsch abzugewinnen. Wir stiegen vorm Wirthshause ab, und darauf vertheilte mein Herr seine Posten: wir mußten zurückreiten; ich hielt fünfzig Schritte vor dem Schlagbaum, und der Kaspar am Schlagbaum. Es dauerte nicht lange, so erblickten wir die feindlichen Vorposten; weil ich aber keine Ordre hatte, mich mit ihnen einzulaßen, so scharmuzirte ich gar nicht mit ihnen, sondern zog meinen andern Posten an mich, und zurück auf die Hauptarmee. <199>

HOFRATH. Du bist ein Narr; zur Sache!

PHILIPP. Ja, Herr Hofrath, eine Relation muß ausführlich und deutlich seyn. Der Feind rückte an: er war stärker wie wir; allein mein Herr und Mamsell Reinhard –

HOFRÄTHINN. Und wer?

PHILIPP. Und Mamsell Reinhard hatten sich im obern Stockwerke verschanzt, und erwarteten den Feind stehendes Fußes am Fenster.

HOFRÄTHINN. Ist der Kerl von Sinnen? Was schwatzt er von meiner Tochter?

HOFRATH. Still! unterbrich ihn nicht.

PHILIPP. Ich hielt mit meinen Pferden vor der Hausthüre. Der Feind kam an, und recognoscirte. „Wem gehört die Chaise?" rief der Kammerherr, als er uns das Blaue im Auge erkennen konnte.

HOFRATH. War der Fürst dabey?

PHILIPP. Jawohl! „Meinem Herrn," sagt' ich. – „Wer ist Euer Herr?" – „Oben liegt er im Fenster." Die Augen vergess' ich in meinem Leben nicht, die sie beyde aufsperrten, als sie meinen Herrn und Mamsell Reinhard erblickten. Sie mußten uns nicht in so guter Disposition vermuthet haben. <200>

HOFRÄTHINN. Des Todes will ich seyn, wenn ich von dem Gewäsche ein Wort verstehe.

HOFRATH. Stille! wenn ich bitten darf.

PHILIPP. Sie zogen vorbey; und gleich darauf wurde der Kammerherr detaschirt, die Besatzung aufzufordern. Er stieg ab, und ich ließ auch absitzen, und so marschierten wir die Treppe hinauf. Die ersten Komplimente waren kurz und kalt. Endlich sagte der Kammerherr: „Mein Herr, ich soll im Namen Ihro Durchlaucht fragen, was Sie mit dem Frauenzimmer hier thun? Es kömmt ihm verdächtig vor, Sie beyde allein mit Postpferden hier zu finden." – „Herr Kammerherr," gab mein Herr zur Antwort, „wenn Sie im Namen von Ihro Durchlaucht fragen, so melden Sie ihm, daß ich mit meiner Braut spazieren gefahren sey."

HOFRÄTHINN und FRAU VON SCHMERLING. zugleich. Braut? wessen Braut?

HOFRATH. Ja, so, das wissen Sie noch nicht. Ich habe vor ein paar Stunden meine Tochter dem Herrn Lieutenant von Altdorf versprochen.

HOFRÄTHINN. Wilhelminen?

FRAU VON SCHMERLING. An den Vetter Karl? <201>

OBERST. Bravo! das gönn' ich dem ehrlichen Jungen von ganzer Seele.

HOFRATH. Ich hoffe, Du, mein Kind, und Sie, Herr Oberst, werden es gerne sehen. Es ist ein wackrer junger Mensch.

OBERST. Das ist er, das ist er! Küssen muß ich Sie, daß Sie einem armen, aber rechtschaffenen Offizier so fort helfen.

HOFRATH. Bey Ihnen aber, gnädige Frau, muß ich um Verzeihung bitten, daß ich Ihren Plan schon wieder vereitelt habe. Sie sehen, Ihre Minen sind alle gut konterminirt. — Es war wohl ein feines nettes Zimmerchen, was bey dem Beamten bestellt war? Schade, daß der gute Mann nicht gegenwärtig seyn konnte; er sizt aber schon seit etlichen Stunden bey Wasser und Brod. Ihre Absicht mit dem Manne war auch recht gut: Ich verkannte sie nur; Sie wollten mir da hundert schöne geränderte Dukaten zuweisen, und ich war so einfältig, sie nicht verdienen zu wollen, da es doch nur auf einen ganz kleinen Schelmstreich ankam.

FRAU VON SCHMERLING. Verflucht! Alles entdeckt!

HOFRATH. Alles. Sie müßten denn noch sehr verdeckte Minen haben. <202>

HOFRÄTHINN. Sie haben im ganzen Ernste, Wilhelminen meinem Vetter versprochen?

HOFRATH. Im ganzen Ernste.

HOFRÄTHINN. Und wo ist sie denn? Ich denke sie ist im Garten.

HOFRATH. Nein; schon vor ein paar Stunden mit meinem Schwiegersohn ausgefahren. Itzt, mein Kind, erlauben Sie, daß Philipp fortfahren darf? Nun Philipp?

PHILIPP. Das Wort Braut allarmirte den Kammerherrn gewaltig; er sah' aus, wie ein demontirtes Geschütz. „Fragen Sie aber," fuhr mein Herr fort, „aus Ihrer eigenen vorwitzigen Neugier, so retiriren Sie sich, oder" — hier schlug er auf seinen Degen, „ich werde Ihnen den Weg zur Thüre oder zum Fenster hinaus weisen"; darauf wollt ers nun nicht ankommen laßen, weil er, vermuthlich, nicht voltigiren kann, sondern wie er sah, daß an keine Kapitulation zu denken war, so zog er ab. Es dauerte nicht lange, so kam er wieder an. „Ihro Durchlaucht," sagt' er, „kömmt es verdächtig vor, die Tochter eines angesehenen Mannes aus der Stadt, mit einem fremden Offizier hier beysammen zu finden; Sie werden sich unverzüglich nach der Stadt zurück begeben." <203>

HOFRATH. Um die Unternehmung zu einer günstigern Zeit auszuführen. Nun?

PHILIPP. Mein Herr antwortete: „Ich beklage Ihren Prinzen, wenn er Offiziere unter seinem Korps hat, die ihm Anlaß geben, von einem Offizier einen schlechten Streich zu vermuthen."

HOFRATH. Gut geantwortet, gut! braver Junge.

OBERST. Was die Ehre betrifft, da versteht er keine Kurzweil.

PHILIPP. „Nicht in Folge seines Befehls," sagte mein Herr, „denn ich diene den Generalstaaten, nicht ihm, sondern weil es spät ist, fahr' ich nach der Stadt zurück." Und damit ließ er ihn stehen, setzte sich ein, und fuhr fort. Mir gab er einen Wink, ich stieß meinem Gaul die Sporen in die Rippen, jagte, was Zeug halten wollte, und hier bin ich.

HOFRATH. Du bist ein drolligter Bursch! Hast du Kampagne mitgemacht?

PHILIPP. Ich bin im Felde jung geworden, Herr Hofrath. Den ersten Feldzug macht' ich auf meiner Mutter Rücken mit. Mein Vater war Feldwebel, und meine Mutter wusch und kochte für die Kompagnie des seeligen <204> Obristlieutenants Altdorf, des braven Herrn, und mich hatte sie hinten aufgepackt. Hernach hab' ich mich wacker herum getummelt. Der seelige Herr hatte mich lieb, sehr lieb! – Nehmen Sie's nicht übel, Herr Hofrath, ich muß weinen, so oft ich an ihn denke, denn ich hab' ihm alles zu verdanken. Der Feldprediger mußte mich unterrichten: ich war fleißig und lernte mehr, als ich zu meinem Beruf nöthig hatte. Aber hernach that mirs gute Dienste. Wie der seelige Herr starb, gab' er mich seinem Sohne zum Hofmeister und Kammerdiener und Reitknecht.

HOFRATH. Ein tüchtiger Bursch? Nicht wahr, Herr Oberst?

OBERST. Ich kenne ihn, Herr Hofrath, ich kenne ihn.

PHILIPP. Ich meyne, wir haben uns redlich und brav durch die Welt geholfen. Im dreizehnten Jahre, machte mein Herr schon die erste Bataille mit; es gieng scharf her, aber er gieng ins Feuer wie ein Brandenburger, und wo er war, war ich nicht weit davon, wenn gleich mein Beruf nur bey der Bagage war. Aber von unsern Kampagnen reden wir nicht gerne. <205>

HOFRATH. Nun, deinem Herrn habe ich gute Winterquartire gemacht – –

PHILIPP. Das haben Sie, Herr Hofrath: aber Sie haben auch einen Schwiegersohn, der Ihnen Ehre macht.

HOFRATH. Für Dich will ich auch sorgen.

PHILIPP. Das thut mein Herr, bey dem leb' ich und sterb' ich.

Achter Auftritt.

Vorige. Friedrich, Louise. Hernach der Lieutenant, Wilhelmine, und gleich darauf der Kammerherr.

Friedrich und Louise hereinstürzend; zugleich: Sie sind da! sie sind da!

HOFRATH. Wer? wer ist da?

FRIEDRICH und LOUISE. Minchen, Minchen und der Herr Lieutenant.

LIEUTENANT und WILHELMINE auf ihren Vater zu. O mein Vater!

HOFRATH umarmt sie. Meine Kinder! Er wird den Kammerherrn gewahr. Was beliebt, Herr Kammerherr?

KAMMERHERR. Auf Ihro Durchlaucht Befehl hab' ich den Wagen begleiten müssen.

HOFRATH. O, viel Ehre für meine Kinder! <206>

KAMMERHERR. Ihro Durchlaucht vermutheten ––

HOFRATH. Ich weiß, was Sie Herr Kammerherr Ihro Durchlaucht vermuthen ließen, weiß, was Sie Herr Kammerherr vermuthen. – Hier, Herr Kammerherr, hab' ich ein Billet an Sie von meinem Sohne, es kömmt Ihnen etwas spät zu, weil die Post unterweges aufgehalten wurde. giebt ihm das Billet. Ich bedaure, daß Sie einen vergeblichen Spazierritt gethan, und die vorgehabte *Partie de plaisir* ganz sonderbar gestört worden.

KAMMERHERR. Liest, und ist betreten, wie ein Hofmann seyn kann. Wenn Sie deutlicher reden wollen, versteh' ich Sie vielleicht.

HOFRATH. Die Anstalten waren wohl recht gut; nicht wahr? Herr Kammerherr? Das gute Mädchen, die Wilhelmine, liebte Sie so heftig, wollte Sie so gerne heyrathen, aber der böse eigensinnige Vater wollte nicht. Den muß' man allso anders kriegen. Da steckt man sich hinter den Bruder, der ein Taugenichts ist, der muß die Schwester spazieren führen. Da bestellt man beym Beamten, der ein Schurke ist, ein Zimmerchen, so gut, als mans auf dem Lande haben kann. Bravo, Herr <207> Kammerherr! bravo! – Kömmt uns doch fast so vor, als wenn die ganze Verstellungskunst des Hofes Sie nicht fürs Erröthen retten könnte.

KAMMERHERR . Wendet sich schnell zu der Frau von Schmerling. Wie befinden Sie sich, meine gnädige Frau?

HOFRATH. Auch nicht zum beßten! – Pfuy! Herr Kammerherr, wer wird gleich so außer Fassung seyn, und hinter einem armseligen herausgestottertcn: Wie befinden Sie sich? seine Verlegenheit verbergen wollen. *Il faut faire bonne mine à mauvais jeu.*

KAMMERHERR. Mein Herr, ich verbitte mir alle Anzüglichkeiten.

HOFRATH. Denen können Sie gleich entgehen, wenn Sie die Gnade haben wollcn, mcin Haus zu verlaßen, dem Sie einen Schandfleck anhängen wollten. Sie sind entlarvt, Herr! Und Ihre guten Freunde, die Sie als Unterhändler brauchten, dazu. Die gnädige Frau dorten, würde längst ihren Stuhl und ihre verzweifelte Stellung verlaßen haben, und mich der Ehre ihrer Gegenwart berauben, aber sie darf nicht zum Hause hinaus, weil ein paar dienstbare Geister auf sie warten.

KAMMERHERR. Auf wen? <208>

HOFRATH. Auf die gnädige Frau dorten. Da ist ein Flegel von einem Sattler, der so impertinent ist, sein verdientes Geld zu verlangen, und so

133

wenig Lebensart hat, die gnädige Frau arretiren zu laßen. Es ist abscheulich, daß man bey dem gemeinen Volke so wenig *savoir vivre* findet.

FRAU VON SCHMERLING. Springt auf. Kammerherr! haben Sie nicht zwey hundert Louisd'ors bey sich? <218>

KAMMERHERR. Führt sie auf die Seite. Nicht einen. Ich habe gestern alles in dem verfluchten *Reversino* verspielt; ich weiß auch keinen aufzutreiben; ich wollte Sie eben um etwas ansprechen.

FRAU VON SCHMERLING. Verdammter Streich!

HOFRATH. Schon wieder nicht recht? – Nun, Herr Kammerherr, und Ihre beiden andern guten Freunde, mein Herr Sohn ist als wirklicher Musquetier beym hochlöbl. von brandschen Infanterie-Regimente angesetzt, um sich zu der gnädigst ausgewirkten Fähnrichsstelle geschickt zu machen; und der Herr Beamte braucht eine Kur: er sitzt bey Wasser und Brod, und macht Elegien über den Verlust seiner hundert Dukaten, die dem Fisko anheim <209> fallen. Itzt wißen Sie alles, was zum Aufschluß Ihrer Geschichte gehört; itzt erlauben Sie mir, daß ich thue, als wenn ich zu Hause wär. – Kinder! umarmt Eure Mutter.

LIEUTENANT und WILHELMINE küssen der Hofräthinn die Hand. Ihren Segen, gütigste beßte Mutter.

KAMMERHERR und FRAU VON SCHMERLING gehn unterdessen nach dem Hintergründe der Bühne, und unterreden sich sehr hitzig.

HOFRÄTHINN. Vetter Karl! – und du Wilhelmine! Ihr habt mich beide hintergangen. Ich vermuthete so etwas zwischen Euch beyden nicht. Es ist geschehen; mein Mann will es, und mein Wille muß ja dem Seinigen unterworfen seyn, sagte der Pfarrer. Seyd glücklich, meine Kinder! Ich würde es ganz seyn, wenn ––

HOFRATH auffahrend. Was? Wenn –

HOFRÄTHINN. Wenn meine letzte Bitte etwas über dich vermöchte.

HOFRATH. Kind! ich bin unerbittlich; aber itzt störe meine Freude nicht!

WILHELMINE zum Obersten. Mein gütiger Oheim, auch um Ihren Segen bitt' ich!

OBERST *hebt sie in die Höhe und küßt sie.* Komm Goldmädchen! Ich habe dich immer <210> wie mein Kind geliebt. *küßt sie wieder.* Keine Eifersucht, Herr Lieutenant; mit mir hats keine Gefahr mehr.

LIEUTENANT. Hat nichts zu sagen.

OBERST *reißt den Lieutenant an seine Brust.* Und nun komm du her, edler wackrer Junge! – Hochgeschätzt hab' ich Dich immer, aber ich war ein armer Teufel, wie Dein Vater; thun konnt' ich für Dich nichts. Itzt bist Du für alle Dein Leiden belohnt.

LIEUTENANT. Das bin ich; über meine kühnste Erwartung belohnt. O Wilhelmine! O mein Vater!

HOFRATH. Kinder! Der Stand eines Hausvaters ist ein herber, schwerer Stand, hat seine Bitterkeiten; aber so ein einziger Augenblick seine Kinder glücklich zu sehen, macht uns allen Kummer vergessen!

Neunter Auftritt.

Vorige. Major. Kirchenrath.

MAJOR. O ho! hier ist ja große Gesellschaft? Und mich laßen Sie da unten mit der Geistlichkeit allein sitzen, und mich im Piket herum balgen. <211>

KIRCHENRATH. Den letzten Neunziger vergess' ich Ihnen nicht.

MAJOR. Ha, ha, ha! Das Wetter! Der war herausgedrechselt.

KIRCHENRATH. Und immer die vierzehn Damen.

MAJOR. Ja, bey den Damen hab' ich immer Glück gehabt, nur nicht, wie ich meine Frau heyrathete.

HOFRATH. Sie sind bey Laune, das freut mich. Ich muß aber um Verzeihung bitten, daß ich Sie so lange allein ließ.

MAJOR. Thut nichts, Hofrath, thut nichts. Sie haben Ihre Geschäfte.

HOFRATH. Und eben das angenehmste vollbracht: eines meiner Kinder glücklich gemacht. Ich habe meine Wilhelmine dem Vetter Altdorf zur Frau gegeben.

MAJOR. Glück zu, Herr Kriegskammerad! Glück zu! Es wird hübsche Art geben. Aber eins will ich Ihnen sagen: wollen Sie vorwärts kommen, so quittiren Sie den holländischen Dienst; da giebts nichts als Käse nieder-zusäbeln.

LIEUTENANT. Ich werde darauf denken. Aber, Herr Obristwachtmeister, was vielleicht die <212> feinste, und setzen Sie immer hinzu, die beßte Staatsklugheit ist, verdient Ihren Spott nicht. Wenigstens so lange ich diesen Rock trage, werd' ich nie zugeben ––

MAJOR. Recht, Herr Kamerad. Wessen Brod ich esse, dessen Lied ich singe. Brav gedacht, hol mich der Teufel! – Ich bitte um Ihre Freund-schaft.

LIEUTENANT. Sie erzeugen mir eine Ehre.

KIRCHENRATH. So recht! Friede ernährt, Unfriede verzehrt. – Nu, ein schönes Pärchen! Ich bin von jeher ein ergebener Diener Ihres Hauses gewesen; ich nehme herzlichen Antheil an dieser Vermehrung Ihrer schätzbaren Familie, empfehle mich zur beharrlichen Gewogenheit –

MAJOR. Ja doch, ja doch! Es soll kein anderer die Trauung verrichten.

KIRCHENRATH. Müßen Sie mir denn immer die Quere reden! – Heil und Segen wünsch' ich dem jungen Ehepaar.

MAJOR. Gesunde Kinder und desgleichen.

KIRCHENRATH. Es ist nicht auszuhalten mit Ihnen.

HOFRATH. Meine Freunde, meine Kinder! Es wird spät. Wie steht's um die Küche, meine Liebe? <213>

HOFRÄTHINN. Es kann angerichtet werden, wenn du willst.

HOFRATH. In der That? – Mit Vergnügen hab' ich gehört, daß Du heute zum erstenmale in der Küche gewesen bist. Brav, Weibchen! Brav! Das beschimpft keine Frau. – Gnädige Frau, Herr Kammerherr: ich habe nicht mehr als meine gewöhnlichen sechs Schüsseln, und diese möcht' ich gerne mit heiterm Gemüthe verzehren; ich muß mir allso die Ehre Ihrer Gesellschaft verbitten.

HOFRÄTHINN. Minchen! Die Tante – rede deinem Vater zu.

WILHELMINE. Mein Vater!

HOFRATH. Schwatz du doch mit deinem Karl, und laß mich machen. Herr Oberst. Er fragt ihn etwas heimlich.

136

OBERST. Ja, ja; ich habs bey mir. Giebt ihm ein Papier.

HOFRATH. Gnädige Frau, von der Angst der gerichtlichen Aufwartung will ich Sie erlösen. Hier ist die quittirte Rechnung des Sattlers, – sehen Sie zu, wie Sie das Geld vom General wieder bekommen; ich schenk' es Ihnen. Aber so wahr ich ein ehrlicher Mann bin, es ist das letzte! Und mein Haus <214> betreten Sie nie wieder; ich bin der Unruhen satt, die Sie über meine Famile verbreitet haben.

FRAU VON SCHMERLING. reißt ihm die Quittung weg. Nun ich den Stein von Herzen habe, verlach' ich Sie und Ihre ganze Familie. geht.

OBERST ruft ihr nach. Denken Sie fleißig an *pain bis & honneur.*

FRAU VON SCHMERLING. Sie veracht' ich viel zu sehr, als daß ich Sie einmal meines Zornes würdigen sollte. *Pain bis & honneur vaut mieux, que de ramper dévant la crapule.*

HOFRATH mit einer tiefen Verbeugung. *La crapule vous rend graces.*

FRAU VON SCHMERLING geht ab.

Zehnter Auftritt.

Vorige, ohne Frau von Schmerling. Geheimerath.

GEHEIMERATH. O weh! Rennt mich doch die gnädige Frau beynah' übern Haufen. Er setzt sich. Mit Erlaubniß. Das verwünschte Podagra! – Und die Hoftreppen! – Die Hoftreppen!

HOFRATH. Noch so spät? mein Freund! Das freut mich, daß Sie unsere kleine Gesellschaft vermehren wollen. <215>

GEHEIMERATH. Und wenn ich hätte bis Mitternacht lauren sollen. Ich paßt' ihm an seinem Kabinette auf.

HOFRATH. Wem?

GEHEIMERATH. Sie wissen ja, lieber Freund, wo ich gewesen bin. Unsere Unterredung war kurz und nachdrücklich. – Und – da, lesen Sie, da ist das Resultat. Lesen Sie! lesen Sie! reicht Ihm ein Schreiben.

HOFRATH, nimmt es. Von Ihro Durchlaucht eigenhändig?

GEHEIMERATH. Ja, ja; er mag lange nichts eigenhändig geschrieben haben. Der Herr Kammerherr besorgte sonst die geheime Korrespondenz. Gut, daß Sie da sind, Herr Kammerherr.

KAMMERHERR. Befehlen Ihro Durchlaucht etwas?

GEHEIMERATH. Hören Sie nur zu. Lesen Sie, lieber Freund, und lesen Sie laut.

HOFRATH erbricht es, und giebt es dem Lieutenant. Da lesen Sie, mein Sohn. Ich mag nichts mehr vom Hofe lesen.

LIEUTENANT ließt. „Mein würdiger Geheimerath von Schenk, hat mir über verschiedene Sachen die Augen geöffnet, die mir <216> in einem ganz falschen Lichte vorgetragen worden. Es ist ein trauriges Loos der Fürsten, wenn die, die sie umgeben und ihr Vertrauen besitzen, es zu Ungerechtigkeiten mißbrauchen; aber ein Glück für sie, daß Ihnen das Vermögen bleibt, Ungerechtigkeiten wieder gut zu machen."

HOFRATH. Nicht immer, Ihro Durchlaucht, nicht immer!

MAJOR. Mein Seel nicht! Wie oft wird ungerechter Weise ein Kopf heruntergeputzt, und den wieder anzusetzen, verstehn die Fürsten doch, hol mich der Teufel! nicht.

LIEUTENANT. „Ich eile, solches mit ihm zu thun. Ich erstaune über die boshaften Fallstricke, die ihm von seinen eigenen Anverwandten und von dem Kammerherrn Wilsdorf gelegt worden, und über die Niederträchtigkeiten, deren sich letzterer noch heute schuldig gemacht. Fahr' Er fort, mir und meinem Hause, auch als Geheimerath ––

MAJOR. Brav, Ihro Durchlaucht, brav! Gratulire, Herr Geheimerath ––

KIRCHENRATH. Von Herzen!

HOFRATH. Wenn ichs annehme. <217>

MAJOR. Das müssen Sie, Gevatter; hol' mich der Teufel! das müssen Sie. Wenn der Fürst sein Unrecht einsieht, müßen wir nicht eigensinnig seyn.

HOFRATH. Lesen Sie nur weiter.

LIEUTENANT. „auch als Geheimerath mit der Entschlossenheit und dem Eifer zu dienen, den ich itzt bewundern muß, da ich höre, daß Er sich

138

nicht aus Halsstarrigkeit, sondern aus Liebe zur Gerechtigkeit meinem Willen widersetzt hat. Dem von Wilsdorf ––

MAJOR. O ho! Den Kammerherrn abgeschnitten.

LIEUTENANT. „kann Er bedeuten, daß er sich nicht wieder bey Hofe sehen laße, und ohne Erlaubniß nicht aus der Stadt gehe; Ich habe höchstwichtige Ursachen, verschiedener Beschuldigungen wegen, denen ich bisher nicht Gehör geben wollen, ihm den förmlichen Prozeß machen zu laßen. Ich bin sein affektionirter

Karl August."

HOFRATH nimmt das Billet. Herr von Wilsdorf, Sie sehen des Fürsten eigne Hand und Unterschrift. Hatt' ich heute nicht Recht, <218> Ihnen Glück zu wünschen? Was fangen wir nun an? Gelernt haben wir nichts als Hofiren.

MAIOR stellt sich neben ihm. Hats Maaß!

KAMMERHERR. Meine Herren, vor geendigter Sache, verbitte ich mir den Ton. – Und das saubere Stückchen Arbeit haben Sie gemacht?

GEHEIMERATH. Das hab' ich gemacht. Habs mich nicht verdrüssen lassen, mit meinem Podagra die Hoftreppe nauf zu hinken, um meinem Landesherrn die Augen zu öfnen; dem wackern Manne da Genugthuung zu schaffen, und einem – wie Sie sind, die Macht zu benehmen, Böses zu thun.

KIRCHENRATH. Wer Andern eine Grube gräbt, fällt gemeiniglich selber hinein.

KAMMERHERR. Noch bin ich nicht drinnen.

MAJOR. Werden Ihren Purzelbaum schon machen.

KAMMERHERR. Was das für eine Art sich auszudrücken ist!

MAJOR. Kommt aus Pommern; ist freylich nicht so süß und zierlich wie Ihre Art, Herr von Wilsdorf schlechtweg.

KAMMERHERR. Ihr Diener, meine Herren. Geht ab. <219>

Hofrath, Hofräthinn. Lieutenant, Wilhelmine, Oberst, Major, Kirchenrath, Geheimerath, Friedrich, Louise, Philipp.

MAJOR. Windbeutel! Hab den Kerl mein Tage nicht leiden können. Infizirte mir immer das ganze Bataillon mit seinem Wohlgeruche, wenn er auf die Parade kam.

GEHEIMERATH. steht auf. Nun, mein würdiger Kollega, herzlich freu' ich mich, mit Ihnen wieder an einem Pfluge zu ziehen! Es ist nun einmal unsere Bestimmung. Arbeit ists; aber es ist doch auch ein Vergnügen seinem Fürsten und dem Lande gut zu dienen.

HOFRATH. Ich will! – Wer die Schultern hat, ein Amt zu tragen, soll sich nicht davon losmachen. Ich will!

GEHEIMERATH. Recht, Herr Kollega, recht! In der Arbeit stumpf und grau werden, ist doch wohl rühmlicher, als auf dem Faulbette? Glauben Sie mir, es erleichtert mir manchmal meine Schmerzen da unten, sich die Füße reibend, wenn ich bedenke, daß ich mein Podagra nicht dem Müßiggange, nicht den <220> feinen Weinen, sondern dem vielen Sitzen im Herrndienste zu danken habe.

HOFRATH. Guter, würdiger Mann, ich danke Ihnen allso –

GEHEIMERATH. Nichts, nichts! – Wenn die Fürsten alle so willig wären, jeden anzuhören, und das Gehörte selbst zu prüfen, alle so willig einzusehen; daß sie nur Menschen, und allso nicht ohne Fehler sind; alle so willig, Fehler zu gestehen und wieder gut zu machen, wie unser gnädigster Herr, so würd' es um manches Land besser stehen.

MAJOR. Ein wahr Wort, hol mich alle Teufel! Und nun lustig! – Sieh, sieh, steht das junge Brautpaar nicht da, als wenn sichs mit den Augen verschlingen wollte. Nur Gedult, Herr Ritter; wird die Flügel zeitig genug hängen lassen.

GEHEIMERATH. Was ist das für ein Brautpaar?

HOFRATH. Dort meine Wilhelmine und der Vetter Karl.

GEHEIMERATH. So? Mit Ihrer Erlaubnis, junger Mann; Sie sind zwar noch ein junger Soldat, und denen Herren trau' ich selten viel zu; der

140

wenn der Mann Sie zu seinem <221> Schwiegersohne wählt, müßen Sie ein rechtschaffener Mann seyn.

HOFRATH. Das ist er, Herr Geheimerath, das ist er.

GEHEIMERATH. Meinen beßten Glückwunsch allso, junges Pärchcn! Zum Hofrath. Ein feiner junger Mann! *gratulor ex animo!*

HOFRATH. Ich danke, Herr Geheimerath. Und nun zum Essen, zum Essen! Meine sechs Schüsseln warten. Hätt' ich doch nicht gedacht, daß diesem Tage der Unruhe ein so vergnügter Abend folgen sollte.

MAJOR. Vergnügt wollen wir seyn, recht vergnügt! – Und das bitt' ich mir aus, Gevatter Geheimerath, die großen Pokale müßen heut' herumgehen, und da wollen wir anstimmen:

Wer nach vollbrachter Arbeit nicht

Liebt Weiber, Wein, Gesang.

Der bleibt ein Narr sein Lebelang.

Alle gehen ab bis auf die Bediente. <222>

Zwölfter und letzter Auftritt.

Friedrich. Louise. Philipp.

FRIEDRICH. Du, was machen wir denn mit der?

LOUISE. Würfelt lieber gar um mich.

FRIEDRICH. Nein. Willst du halb Part!

PHILIPP. Pfui! Kamerad. Das geht im Felde wohl manchmal an, aber in Garnison nicht; – Ganz oder gar nicht.

LOUISE zu Philipp. Da hast du mich ganz.

PHILIPP. Dacht ichs doch! Da hab' ichs Fieber am Halse.

FRIEDRICH. Das wußt' ich vorher. Kommen die Fremde hieher, und nehmen uns die Landesprodukte vor der Nase weg. alle ab.

Ende des Lustspiels.

141

Anhang

Rezensionen

1780 Dez 21 Göttingische gelehrte Anzeigen

<1266>

Leipzig.

Nicht mehr als sechs Schüsseln. Ein Familiengemählde von G. F. W. Großmann, zwote Ausg. in der Dykischen Buchhandlung 282 Octavseiten. Poetische und moralische Vollkommenheiten haben diesen Schauspielen schon Beyfall erworben. Am Ende scheint es etwas zu geschwind, daß der Fürst auf die Vorstellung eines einzigen rechtschaffenen Mannes sein Unrecht erkennt, den Hofrath, dem er den Abschied gegeben hatte, zum Geheimenrath ernennt, und seinem Lieblinge den Hof verbietet. Dergleichen Catastrophen ist man aber schon auf dem Theater gewohnt, sie sind manchmahl nicht wohl zu vermeiden, und die Unwahrscheinlichkeit, die doch eigentlich hinter der Scene bleibt, stört die Illusion desto weniger, wenn der Zuschauer, wie hie, durch Begebenheiten, die seine Aufmerksamkeit auf sich ziehen, und Theilnehmern an der Personen Schicksale, sie wahrzunehmen gehindert wird.

1782 Litteratur- und Theater – Zeitung, 1. Theil

<724>

Den 10. [Juni 1782] Nicht mehr als sechs Schüsseln, von Großmann. Hr. Fleck spielte den Hofrath Reinhard zum erstenmal nach Borchers Austritte mit großem Glück und Beifall. Hr. Kunst hatte den

Kammerherrn von Wilsdorf, den er als Anfänger gut genug ausführte. Die Rolle des Podagristen von Blumau gelang dem Herrn Unzelmann bei weitem nicht so gut, als seinem Vorgänger. Die Frau von Schmerling ist eine trefliche Rolle unsrer Starkin.

1782 Allgemeine deutsche Bibliothek

<132>

Schöne Wissenschaften.

Nicht mehr als sechs Schüsseln. Ein Familiengemälde, von G. F. W. Großmann. Zwote Ausgabe. Leipzig, im Verlage der Dykischen Buchhandlung, 1780. 15 ½ Bogen in 8.

Bey einer frühern Anzeige dieses Stücks hätte sich der Recensent vielleicht mehr auf eine umständliche und zergliedernde Kritik desselben eingelassen; itzt, da sich diese Anzeige verspätet hat, ist ihm das Urtheil des Publikums schon zuvor gekommen, das fast überall die Aufführung dieses Schauspiels ungewöhnlich oft und laut beklatscht hat. Freylich ist dieser Beyfall nicht immer entscheidend, nicht immer fortwährend; aber etwas muß doch immer da seyn, das ihn veranlaßt; und ohne Werth ist dies Schauspiel gewiß nicht. Wir sehen denselben vornehmlich in der sehr wahren und lebendigen Darstellung der an sich mit wenig Aufwand von Kunst ziemlich flach angelegten Charaktere, in der Weltkenntniß, die der Verf. auch in diesem Stücke, wie in seiner Henriette, überall verräth, und in der glücklichen Wahl eines Subjekts, das an sich wenig bedeutet, aber durch die ganze Richtung, die ihm der Verf. gegeben hat, durch die Wahl der Personen, und vornehmlich durch Erregung des Lächerlichen und Hinlenkung desselben auf Gegenstände, die der größte Haufe so gern belacht und belachen hört, viel Interesse erhalten hat. Sehr schicklich ist daher dies Stück ein Familiengemälde betitelt; denn das ist es mehr, als eigentliches Schauspiel, als

143

eigentliches Werk dramatischer Kunst. Der Dialog ist freylich nicht ohne müßiges Geschwätz; aber doch im Ganzen leicht und lebhaft. Die witzelnde Vorrede, und des Verf. Brief an seinen Verleger, hätten immer wegbleiben mögen.

1807 Joerdens: Lexikon deutscher Dichter und Prosaisten

<260>

Nicht mehr als sechs Schüsseln, eine Familiengemälde in fünf Aufzügen von G.F.W. Großmann. Bonn 1780. 8. Zweite Auflage Frankfurt und Leipzig 1780. 8. Dritte verbesserte Auflage Leipzig 1785 8. 12 gr. Nachgedruckt zu Augsburg und anderwärts. Französisch von Jak. Mauvillon … 1781. 8. und von J. H. Eberts, Paris 1783. 8. Auch im Nouveau Theatre Allemand, T. II. Dänisch von F. Schwarz, Kopenhagen 1781. 8. Holländisch im Spectatoriale Schouwbourg, Th.13. 1784. Russsisch, St. Petersburg …

Ein Hausvater, dem seine adligen Verwandten <261> nöthigen wollen, achtzehn Schüsseln zu geben, und der schlechterdings bei seinen sechs Schüsseln bleibt, hat den Titel veranlaßt. Es kann dieß Stück als das Vorbild der neueren Familiengemälde angesehen werden. Es erlangte eine große Celebrität und wurde, seiner Vortreflichkeit wegen, allenthalben mit großem und verdientem Beifalle ausgenommen. Das Süjet war neu, die Behandlung kühn, der Ton freier, als man gewohnt war, gewisse Lächerlichkeiten der großen Welt, die bis dahin nicht so ins Licht gestellt worden waren, erschienen hier zum erstenmale mit allen Farben eines satirischen Pinsels ziemlich karikaturmäßig abgebildet. Das Ganze hatte Leben und Gang, obschon die Charaktere ungleich, fehlerhaft und zum Theil alltäglich, und Knoten und Entwickelung nichts weniger als fein und künstlich angelegt und ausgeführt waren. Ein Auszug aus diesem Stücke befindet sich in den Dramaturgischen

144

Nachrichten (Bonn 1780.) Stck. 1. Vergl. Allgem. deutsche Bibliothek, Bd. 52, Stck. 1, S. 132.

1838 Wolff: Encyclopädie der deutschen Nationalliteratur

<301>

G. erwarb sich zu seiner Zeit großen Beifall bei dem deutschen Publikum, indem er in seinen Lustspielen den herrschenden Meinungen, welche man nicht immer zu verlautbaren wagte, eine körnige und kräftige Sprache lieh. Namentlich war dies in seiner Henriette und noch mehr in seinem „Nicht mehr als sechs Schüsseln" in welchem er die Anmaßungen der untergeordneten, geistig wie weltlich verarmten Glieder einer privilegirten Kaste schonungslos geißelte, der Fall, so daß die darüber erfreute Menge ihm Beifall zujauchzte und ihm seine vielen Plattheiten und Rohheiten verzieh, oder dieselben gänzlich übersah. — Er ist keineswegs ohne Talent, und eine große Lebhaftigkeit des Dialogs und der Darstellung, so wie Erfindungsgabe und treffende, wenn auch übertreibende Zeichnung der Charaktere sind ihm nicht abzusprechen; sie erhielten seine Leistungen auf der Bühne, bis dieselben endlich durch gewandtere Lustspieldichter und größere Feinheit de- Geschmackes bei den Zuschauem verdrängt wurden.

Illustrationen von D. N. Chodowiecki (ca. 1780)[dd]

Abbildung 3: "Sechs Schüsseln!" zu 1,7.

Folgende Textstellen sind dargestellt:

Hab ich dir wirklich einen Zahn ausgeschlagen? – 1,3
Sechs Schüsseln! – 1,7
Ich empfehle mich, Herr Rotourier! – 1,10
Du wolltest – Eines Deutschen Mannes deutsches Weib seyn, auf du und du? – 1,11
Ich stelle Ihnen hier den Frey Herrn von Wilsdorf – als Ihren künftigen Gemahl vor. – 2,7
Hier ist mein Kontrakt. – 2,3
Der Zorn ist eine gefährliche Trunkenheit. 3,6
Was Sie als Höfling thun müssen, darf ich als Richter nicht thun. 3,15
Da nimm sie hin. – 4,2
Elender! Mich? – mich wolltest Du bestechen. – 4,6
Marsch! Es wird schon gehen. – 4,12

Nachwort

Die „Sechs Schüsseln", wie man das Stück allgemein verkürzt nennt, führen ein Schattendasein in der deutschen Literaturgeschichte – unverdienterweise – hinter der überstrahlenden „Hochzeit des Figaro". Dabei sind die „sechs Schüsseln" sogar noch einige Jahre früher entstanden als der „Figaro", aber leider zuerst in der deutschen Provinz und nicht am französischen Hofe in Versailles[50]. Gemeinsam ist beiden die Kritik an den politischen und sozialen Zuständen ihrer Zeit.

Die „sechs Schüsseln" lassen sich keinem Territorium konkret zuordnen. Aus dem Inhalt ergibt sich, daß es ein protestantisches Land sein muß, daß es nicht Preußen (oder Pommern) ist; die Verwendung des plattdeutschen Wortes „Room" für Sahne/Rahm weist auf Norddeutschland hin. Der Landesherr, dessen Brief in dem Stück vorgelesen wird, heißt „Karl August", es kann aber kaum der Carl August von Sachsen-Weimar-Eisenach (1757–1828) gewesen sein, Goethes Landesherr und Arbeitgeber, auch wenn die Lebensdaten vordergründig passen: Der Fürst der „sechs Schüsseln" ist älter als der historische Carl August, der im Jahr der Erstaufführung 23 Jahre alt war.

Weitere Versuche, Länder oder Personen zu identifizieren, sind müßig, da es nicht Großmanns Intention war, bestimmte Personen zu beschuldigen, sondern dem verrottenden Feudalsystem (Fürst, Kammerherr, von Sperling) mit den bürgerlichen Tugenden (Hofrath, Geheimrath) entgegenzutreten. Anspielungen auf „Figaro" und auf Lessings „Emilia Galotti" (1772) sind nicht zu übersehen; später wird Schiller mit „Kabale und Liebe" (1784) dem noch eins draufsetzen.

Den allerschwärzesten Punkt wendet Großmann ab, indem er am Ende den Fürsten zur Einsicht kommen läßt und den intriganten Kammerherrn einer

---

[50] »La folle journée ou Le mariage de Figaro« (Der tolle Tag oder Figaros Hochzeit) ist eine Komödie in fünf Akten von Pierre-Augustin Caron de Beaumarchais (1732–1799), uraufgeführt am 27. September 1783 auf Schloss Gennevilliers.

gerechten Strafe zuführt. Insofern kann sich die feudale Elite beruhigt zurücklehnen und sich in ihrer aufklärerischen Politik bestätigt sehen.

Gustav Friedrich Wilhelm Großmann (1743-1796) ist in Berlin geboren und studierter Jurist, zunächst in preußischen Diensten in Danzig. 1774 übernimmt er in Gotha beherzt die männliche Hauptrolle in Lessings „Minna von Barnhelm" und bleibt von Stund an beim Theater. In Gotha heiratet er die Witwe Karoline Hartmann, die ab 1783 in Bonn die Prinzipalin der Großmann'schen Truppe wird, als ihr Mann nach Mainz und Frankfurt geht. Von 1778 bis 1783 ist Großmann Theaterleiter am Kurfürstlichen Hof in Bonn[51]. In diese Zeit fällt auch die Vollendung und Veröffentlichung der „sechs Schüsseln", zunächst in Bonn bei Buchhändler Abshoven, noch im selben Jahr bei Dyck in Leipzig. Am Bonner Hof war man hinsichtlich des Themas wohl großzügig[52]. „Großmanns Theater in Bonn war eine der großen Bühnen der Zeit." (Maurer, 1989, S. 530). In den wenigen Jahren – bis zum Tod des Kurfürsten Max Friedrich 1784 – machte Großmann bürgerliches Aufklärungstheater mit Lessing, Goldoni, Iffland, Babo, Schiller u.a. An Hand der Raub- und Nachdrucke kann man ablesen, daß die „sechs Schüsseln" in ihrer Zeit ein begehrtes Stück waren. Aufführungen – ausserhalb Bonns – sind dokumentiert u.a. am 08.05.1780 in Rheda, 1780 in Mannheim, am 21.12.1781 in Königsberg, am 10.06.1782 in Hamburg, am 24.03.1788 in Weimar, am 14.11.1806 in Düsseldorf, in den 1780er Jahren in Frankfurt, Reval, Berlin, Braunschweig.

Die Französische Revolution und die Besetzung des linken Rheinufers 1794 durch die revolutionären Franzosen machten der Adelsherrschaft freilich ein definitives Ende – der Stoff der „sechs Schüsseln" wurde obsolet. Vernichtend war nachträglich Goethes Urteil über das Stück: Großmann habe „in sechs unappetitlichen Schüsseln alle Leckerspeisen seiner Pöbelküche dem schadenfrohen Publikum" aufgetischt, das Beifall klatschte, wenn es darum ging, „die höheren Stände herabzusetzen und sie mehr oder weniger anzutasten." – so schrieb der Dichterfürst 1814 im 13. Buch von „Dichtung und Wahrheit".

---

[51] Ausführlich in (Maurer, 1989, S. 523 ff).
[52] „Eine kurfürstliche Zensur [ist] nicht erkennbar." (Maurer, 1989, S. 528)

Seine Mutter, die Frau Rat Goethe, war dagegen in den 80er Jahren eine enthusiastische „Freundin" Großmanns, die sich 1781 bei dem Bonner Minister Belderbusch für eine finanzielle Unterstützung der Großmann-Truppe einsetzen will.[53]

Daß 1825 im Kaiserthum Oesterreich noch ein Nachdruck erschien, mag als Hinweis gelten für die Unzufriedenheit der Demokraten mit der Restauration nach 1815.

Der Schweizer Buchdrucker und Verleger Josef Gaßmann hat 1797 den Titel der sechs Schüsseln noch einmal verwendet für sein „Hudibrasisches Gastmahl von nicht mehr als sechs Schüsseln", ein nicht ganz ernsthaftes Symposion[54] mit einer Rede und einer kleinen Theaterszene; darin wird ein Loblied auf den biedern Schweizer gesungen: „Frey, gesetzlich, brave Leute, ueben wir, was gut und recht; suchen niemals fremde Beute, niemands Herr und niemands Knecht."

---

[53] (Riemer, 1999).
[54] Fundstelle: Helvetischer Hudibras. Eine Wochenschrift, Solothurn 1797; http://doi.org/10.5169/seals-820429 und folgende.

Literaturverzeichnis

Flörken, N. (Hrsg.). (2017). *Die französischen Jahre in Bonn 1794-1814. Ein Lesebuch, 2. Auflage.* Bonn: Kid Verlag.

Gaßmann, J. (Hrsg.). (26. August 1797). Hudibrasisches Gastmahl von Nicht mehr, als sechs Schüsseln. *Helvetischer Hudibras. Eine Wochenschrift,* S. 73 ff.

Großmann, G. F. (1825). Nicht mehr als sechs Schüsseln. In *Deutsche Schaubühne seit Lessing und Schröder bis auf die neueste Zeit* (Bd. 18, S. 1 ff). Wien: Schade.

Jördens, K. H. (Hrsg.). (1807). *Lexikon deutscher Dichter und Prosaisten (G-K)* (Bd. 2). Leipzig: Weidmann.

Maurer, A. E. (1989). Die Theatergeschichte [Bonns]. In D. Höroldt (Hrsg.), *Bonn als kurkölnische Haupt- und Residenzstadt 1597-1794* (S. 515ff). Bonn: Dümmler.

Rezensent. (21. Dez 1780). Nicht mehr als sechs Schüsseln. *Göttingische Anzeigen von gelehrten Sachen, 1,* S. 1266.

Rezensent. (1782). Großmann. *Litteratur- und Theater-Zeitung für das Jahr 1782,* S. 724.

Rezensent. (1782). Nicht mehr als sechs Schüsseln. *Allgemeine deutsche Bibliothek, 52,* S. 132.

Riemer, I. (24. 12 1999). "Ich bin wie immer Ihre Freundin Goethe". *General-Anzeiger.*

Rüppel, M. (2010). *G.F.W. Großmann; eine Epoche deutscher Theater- und Kulturgeschichte.* Hannover: Wehrhahn.

Wolff, O. (Hrsg.). (1838). *Encyclopädie der deutschen Nationalliteratur (G-H)* (Bd. 3). Leipzig: Wigand.

Index

Zur Textgestaltung

Dem Text liegen folgende Ausgaben zugrunde:

B = Ausgabe Bonn (Abshoven 1780) in der ULB Sachsen-Anhalt (Halle); VD18 11160179; urn:nbn.de:gbv:3:1-815062; und in BSB München, Signatur P.o.germ. 522 z; VD18 1155877; urn:nbn:de:bvb:12-bsb10109771-5; SUB Göttingen http://resolver.sub.uni-goettingen.de/purl?PPN669363219. **St** = Stuttgarter Ausgabe (Mäntler 1780) in der ULB Sachsen-Anhalt (Halle); VD18 10334475; urn:nbn:de:gbv:3:1-13695.

B2 = Raubduck des Jahres 1781 in books.google.de

Sb = Straßburger Ausgabe (Kürßner 1781) in SBB Berlin, Signatur Yr 6053; http://resolver.staatsbibliothek-berlin.de/SBB0001E46700000000.

L = Die Leipziger „zwote" Ausgabe (Dyck 1780) in der SLUB Dresden; http://digital.slub-dresden.de/ppn337315272/5.

L2 = Die Leipziger „zwote" Ausgabe (Dyck 1785) in der ULB Münster; urn:nbn:de:hbz:6:1-206797.

Str = Straubinger Ausgabe – unvollständig – (1785) in der Staatl. Bibliothek Regensburg; VD18 12457965-001; urn:nbn:de:bvb:12-bsb11081672-6.

W = Nachdruck in Wien (Schade 1825) in der BSB München, Signatur P.o.germ. 1259 m-16/20; urn:nbn:de:bvb:12-bsb10118892-3. (Großmann, 1825)

Der Druck der Leipziger Ausgabe weicht erkennbar von der Bonner Ausgabe ab, insoweit als die Rechtschreibung der zweiten Ausgabe „moderner" ist: „Stück" statt „Stük", „hab' " statt „hab", „war's" statt „wars", „Schminke" statt „Schmincke", „Hofräthin" statt „Hofräthinn" u.ä. Diese Abweichungen wurden nicht markiert; die größeren sind in den Endnoten verzeichnet.

Die (uneinheitliche) Rechtschreibung und Zeichensetzung sind beibehalten worden, gegebenenfalls sind Namen in der modernen Schreibweise hinzugefügt worden. Die Punkte hinter den einfachen Zahlen, z.B. den Jahreszahlen, sind weggelassen worden. Der Text der Vorlage steht in dieser

Serifenschrift, Zusätze und Ergänzungen des Bearbeiters in dieser serifenlosen Schrift. Die Klammern der Vorlage ( ) sind durch { } oder – – ersetzt worden. Streichungen des Herausgebers stehen in ( ), Ergänzungen in [ ]. Beim Seitenwechsel wurde die anfallende Trennung aufgehoben. Die häufigen Sperrungen bei Eigennamen oder Ortsnamen wurden nicht übernommen. Die Angaben zu Personen, Orten oder Sachen sind dem Portal Wikipedia entnommen.

Endnoten

---

[a] 1779 in **S**. – In den Bonner „Dramaturgischen Nachrichten" von 1779, deren Mitherausgeber Großmann war, gibt er selber eine Inhaltsangabe des Stückes. Fundstelle: Stadtarchiv Trier, Signatur 8' C 3091.

[b] Nur in **B** und **L** und **L2**, fehlt in **Sb, Str** und **W**.

[c] Der folgende Absatz nur in **B**.

[d] Der folgende Absatz nur in **B**.

[e] Fehlt in **Sb** und **W**.

[f] „Hauptmann" in **W**.

[g] „Sterling" in **W**.

[h] „Geheimerrath" in **W**.

[i] „Kammerjunker" in **W**.

[j] Dieser Satz nur in **W**.

[k] Auf den nächsten Seiten wird er immer „Hofrath R." genannt; ab dem dritten Auftritt nur noch „Hofrath", in **L** von Beginn an nur „Hofrath", in **W** nur „Hofr.", „Friedr.", „Fr. v. Sterl.", „Wilh." u. ä.

[l] „geht/gehen" fehlt öfter in **L**.

[m] In **L** immer nur „Frau von Schmerl.", in **L2** „Frau v. S.".

[n] In **L** und **L2** immer nur „Oberster".

[o] In **L** meist „Hahaha".

[p] Fehlt in **L**.

[q] In **L** „Zehnter".

[r] In **L** jeweils „jetzt".

[s] Dieser und der folgende Satz fehlen in **L**.

[t] Fehlt in **L**.

[u] In **L** nur ein „wir".

[v] Plattdeutsch für „Sahne/Rahm", dementsprechend in **L** „Sahne", in **W** „Rahm".

[w] In **L** „hebt".

[x] Diese Zeile fehlt in **L**.

[y] Fehlt in **L**.

^z In **L** „auf".

^{aa} Fehlt in **L**.

^{bb} In **L** „dir".

^{cc} In **L**: „gescheut".

^{dd} Fundstelle: Herzog Anton Ulrich-Museum, Braunschweig, Kunstmuseum des Landes Nieder-sachsen; Signatur j-a-rossmaessler-wb3-0014; Foto: Museum. »Chodowiecki dep[inxit] Rosmasler sc[ulpsit]«. Aus Kostengründen sind nicht alle 12 Radierungen wiedergegeben. – Ein Blatt mit allen 12 Radierungen (verkleinert) in der online-Version der Albertina (Wien): https://sammlungenonline.albertina.at/#/query/dfbeef75-f700-4762-b1f6-a84ac8421fc9 am 25.08.2020.